U0555096

中國古文字導讀

石刻古文字

趙超 著

文物出版社

目　録

第一章　石刻古文字的主要內容

根據考古學界現在掌握的出土材料，中國古代的文字在殷商時期已經具有比較成熟的完整體系。也就是説，在距今三千多年前就已經有了文字。在殷商之前的考古材料中，也曾發現多種符號或圖案，如在仰韶文化陶器上發現的數字與刻符，在大汶口文化陶器上發現的紋樣等。有些學者曾將這些符號、圖案等看作更早階段的文字，認爲在新石器時代的晚期就已經出現了文字[1]。當然，由於材料所限，這些觀點缺乏足够的證據予以證實，所以還没有得到學術界的公認。關於文字的起源與産生的過程，現在還處於不斷地探索與認識之中。但從殷商時期的甲骨文已經是一種比較完善的文字體系這一點去分析，中國文字的産生時間要遠遠早於殷商時期，這個推論是毋庸置疑的。唐蘭先生曾認爲："無論從哪一方面看，文字的發生，總遠在夏以前。至少在四五千年前，我們的文字已經很發展了。"[2]

然而，衹有文字形成比較成熟的體系後，人們才能根據它的內在規律去釋讀它，了解它所傳達的信息。而零碎、片斷的符號、紋樣，還不能使我們確切地解釋它的原來含義。所以，即使在新石器時代的遺物上發現的符號、紋樣是早期的文字，但在掌握它們的自身規律、了解它們與後來文字之間的關係之前，我們也不一定能準確地釋讀它們。正因爲這樣，至今我們釋讀的古文字還是停留在商代甲骨文這一頂點上。

以殷商作爲現在可釋讀的中國古文字上限的話，中國古文字的下限應該定在什麽時期呢?以往的古文字學者一般將這個下限定在秦代小篆通行時期。但是近代以來大量出土的秦代與西漢初年的簡牘帛書，使人們看到了這時的隸書中仍保留有濃重的篆意，對它們的釋讀仍可以採用先秦古文字釋讀中的基本方法。所以有學者提出可以將古文字學研究的内容擴展到西漢初年的隸書材料，即把古文字的下限放寬到漢初[3]。

這樣，中國古文字使用時期的範圍就有所界定：從三千多年前的商代至二千多年前的西漢早期，是使用古文字書寫的時代。西漢以後，隸書通行，而后又轉變爲行草與楷書，文字更加規範，更加符號化，在古文字時代文字中保留的象形痕跡基本消失。也就是説，西漢以後就不是古文字時代了。在古文字時代中，先后使用過幾種書寫風格與結體不盡相同的文字形態，我們現在通常根據它們的書寫介質與時代、地域等特徵，分别稱之爲：甲骨文、金文、籀文、古文(或戰國古文)、小篆、秦隸等。由於不同書體的構字方式、書寫方式、音符借用方式、簡化繁化方式等有所不同，造成同一個文字在不同書體中有着不同的形體面貌。因此，這一古文字時代是文字形體變化多端的時代。掌握多種不同的文字形體變化是釋讀這一時期古文字材料的基本要求。

在現在可以見到的古文字材料中，最主要的，也是保存文字形體最多的，是甲骨文、金文、簡牘帛書文字、璽印文字與貨幣文字這五大類型。其中又以簡牘帛書文字爲最能體現當時日常實用文字面貌的代表。這些文字類型依次排列，也基本上體現了各個不同歷史階段裏文字演變的過程。相對而言，在古文字時代中使用的石刻材料却很少見。

實際上，石材與石器，是人類進化史上至關重要的工具。它不僅是人類生産的必需品，而且，在記録人類的文化知識、傳播文化信息與精神要求上，石材還起過非常重要的作用。例如遍布世界古文化遺址中的上古岩畫，可能是最早記録下來的人類生活情景。中國新疆、内蒙古、雲南、廣西等多處地點都發現過遠至石器時代的岩畫。刻寫在石材上的古文字也曾經躋身於最早的古文字材料之中。

在 20 世紀初期對河南安陽殷墟遺址的考古發掘中，就曾經發現有石刻的商代文字。例如在侯家莊商代 1003 號墓中曾出土一件殘石簋，其耳部中刻寫有“辛丑小臣系入禽俎在𠭯以𣪘”的銘文。這些文字的書體、結構，與當時的甲骨文完全一致。

而后，比較著名的石刻古文字材料有河北省平山縣三汲鎮中山國王墓區出土的戰國石刻中山國守丘刻石、秦石鼓文、詛楚文等。在陝西鳳翔發掘的秦公大墓中，曾出土刻有文字的石磬殘件。另外，原在湖南衡山岣嶁峰上的傳世石刻岣嶙碑，雖早已佚失，但尚存多處摹刻。近年來曹錦炎提出一種新觀點，認爲它是公元前 456 年越王朱勾爲王太子時刻寫的[4]。

秦代著名的石刻有嶧山、泰山、之罘、東觀、琅玡、碣石、會稽等處竪立的刻石。這些刻石都是秦始皇巡游天下時刊立的。在《史記·秦始皇本紀》中有詳細的記載和録文(嶧山刻石的銘文未收入)。書體爲端正的小篆。但由於歷代破壞，現在僅存有附刻在泰山刻石後的部分秦二世刻辭(稱“泰山十字”)和有中國歷史博物館中保存的琅玡臺刻石殘石等。

此外，還有一些歷代金石著録中認作是先秦石刻的古文字材料，如被看成周穆王時期石刻的河北省贊皇縣壇山刻石(據説是孔子書寫的比干墓字)、春秋吴季子殘碑等。根據近人的審視考證，它們大多是秦漢時期的作品，而不是兩周時期的石刻，更不可能是再晚時候的僞刻。這些材料的文詞簡單，并無太多的文字學價值。

古人習慣將不甚了解的材料附會爲上古遺跡。貴州省關嶺縣的紅崖刻石、朝鮮的錦山摩崖等就是這樣被説成是殷代石刻的。實際上,人們至今還不能確定這些石刻是圖畫、符號還是文字,更無法確定其時代。這些材料,也不應歸入石刻古文字的釋讀範圍。

由此可見，在使用古文字的時代裏，石刻中保留下來的古文字材料并不多見。但是，在漢代以降的歷代石刻中，却保存了大量古文字書寫材料。與其他古文字材料不同的是：在石刻中保留下來的大部分古文字(實際上是漢代以來的人仿照先秦古文字形體書寫的篆文、古文)更多地反映了漢代以降的文字學狀況，那時已經不再普遍使用古文字書體了。這些材料的價值，一是可以由它上溯小篆、古文，乃至甲骨文、金文的諸多文字形體演變過程；二是保存了一些在其他材料中未曾得見的古文字形體；三是通過它了解漢代以降古文字學的傳襲、演變，分析漢代以降學人對古文字形體的改動與修飾，從而掌握不同時代古文字材料的釋讀方法。因此，在石刻古文字材料的釋讀中，以漢唐之間乃至宋代的遺存爲主要對象。這是與其他古文字材料明顯的不同之處。

根據文字學對一種文字流行情況的定義，按照一種文字是否被社會普遍使用這一標準去判斷，中國的漢代以來，古文字的形體與書寫體系就已經退出了實用範疇，很多不再使用的形體已經成了死文字。但是，由於新的書體(隸書、楷書)是在原先秦古文字基礎上演變而來的，其構字原則與音韵系統没有根本的變化；加上中國古代文化中具有尊經重史、推尚古人的悠久傳統，在漢代還有人學習研究用篆文、古文書寫的古代經書(這種由於出土

古文經書而形成的學術流派——古文經學在漢代還是一支重要的學術力量)，這就使得先秦古文字的書寫方法、文字理論、釋讀原則等知識一直延續下來，並且在東漢時形成了系統化、理論化的中國文字學，東漢學者許慎撰寫的《說文解字》就是其重要代表作。

古文經書的源起，可以追溯到漢武帝時期在山東曲阜出土的“孔壁古書”。當時由於魯恭王要擴建自己的宫殿，將孔子家族的宅院拆毁了一部分。在拆開的墻壁夾層中，發現了一批前人藏下來的古代簡牘書籍，其中包括有古文書寫的《尚書》、《禮記》、《論語》、《孝經》等幾十篇典籍。所謂“古文”，應該就是戰國文字。這批書籍被發現後，朝廷派孔安國去整理。經孔安國的整理研究，這些經典與當時流行的同類經典之間存在着一定區别。比如出土的古文《尚書》比當時流行的《尚書》要多出 16 篇，有 700 多個不同的文字，還脱漏了幾十個文字。以後在漢代就有一批文人傳習這種古文經書，形成了自己的一套解釋，後人稱之爲“古文學派”。這種學術活動，在一定程度上保留下了古文字的形體結構系統與釋讀規律，並將它與當時通行的隸書對應起來。

根據《說文解字》卷十五上許慎的追述，西漢初年，學習文字、出仕作吏的人，需要考試“諷籀書九千字”，還要考試“秦書八體”，即“大篆、小篆、刻符、蟲書、摹印、署書、殳書、隸書”。這實際上就是掌握各種古文字形體的寫法。說明當時通曉古文字的文人還是不少的。許慎列舉的“張敞”、“杜業”、“爰禮”、“秦近”、“揚雄”等人，都是熟習文字學(小學)的學者。

《說文解字》卷十五上記載：“及亡新居攝，使大司空甄豐等校文書之部，自以爲應制作，頗改定古文。時有六書：一曰古文，孔子壁中書也。二曰奇字，即古文而異者也。三曰篆書，即小篆，秦始皇帝使下杜人程邈所作也。四曰佐書，即秦隸書。五曰繆篆，所以摹印也。六曰鳥蟲書，所以書幡信也。壁中書者，魯恭王壞孔子宅而得《禮記》、《尚書》、《春秋》、《論語》、《孝經》。又北平侯張蒼獻《春秋左氏傳》。郡國亦往往於山川得鼎彝，其銘即前代之古文。”

這些記載説明，雖然在西漢末年，文人間已經有對古文任意修改的現象，但是流傳下來的古文字材料仍然存在。釋讀包括大篆、古文、小篆等各種形體的古文字，並且施之實用，如刻印、書寫幡信等，仍然是文人需要掌握的基礎知識。因此，漢代文字材料中的篆書，尤其是小篆，還在很大程度上保留了先秦與秦代的文字傳統。

這一時期也是石刻(碑銘等文字石刻)在中原興起的時代。保留至今的數百則漢代石質銘刻，反映了當時石刻的興盛景象。這裏面就有一些用篆書刻寫的碑銘。其中有工整、標準的小篆，如東漢袁安碑；也有含有隸書意味，加以改造的篆書，如東漢祀三公山碑、開母廟石闕銘等。它們表現出漢代通行的隸書寫法已經對傳統的篆書造成了影響，一些文字的筆畫採用篆書的寫法，但結構、部首則由篆書的特有形體改變爲較簡約的隸書寫法。石刻上方正的格局也造成一些碑銘中的篆書字形由長方形變爲方形。而有些篆書的寫法也融合到隸書之中，如東漢夏承碑中，來自篆書的形體修飾寫法就很突出。

曹魏時期刻寫的三體石經中，包含有篆書、古文兩種形體，是寶貴的古文字資料，也是可以反映當時古文字傳習狀況的實證，可惜被破壞得僅存一些殘塊了。它上面保存的古文，與《説文解字》中的古文形體相互對應，是釋讀戰國文字的重要佐證。由三國時期至唐代，在文人書刻中時有出現的篆書形體，大多沿

襲於這些漢魏時代的古文字材料與古文字書。但是，這時的篆書，已經演化成一種美術字或者書法藝術，具有濃厚的裝飾性，已不是日常使用的文字，而祗是部分文人的喜好了。

《隋書·經籍志一》裏記載，當時尚存名目的字書中，還有“《篆書千字文》一卷。……《古今字詁》三卷、張揖撰。……《古今字苑》十卷、曹侯彦撰，亡。……《古文官書》一卷，后魏議郎衛敬仲撰。《古文奇字》一卷，郭顯卿撰。《六文書》一卷。《四體書勢》一卷，晋長水校尉衛恒撰。……《古今八體六文書法》一卷。《古今篆隸雜字體》一卷，蕭子政撰。《古今文等書》一卷。《篆隸雜體書》二卷。”這些字書現在大多已亡佚。由於古人所稱“古今字”的概念比較廣泛，不是僅指先秦古文字，所以《古今字詁》等書收録範圍較廣，不全爲古文字形體。而其他的書則從名稱上可以看出是收録篆文、古文等文字形體的。説明當時古文字學仍有所傳承的狀況。衛恒的《四體書勢》在書法史上影響較大。同時還保存有《秦皇東巡會稽刻石文》一卷、《三字石經尚書》九卷、《三字石經春秋》三卷等石刻拓本材料，爲古文字的學習提供了範本。

上述的古文字書，在唐代仍有傳留，在《舊唐書·經籍志》、《新唐書·藝文志》等書目中有所反映。此外，還可以見到一些新的古文字書。如：“《飛龍篇》、《篆草勢》合三卷，崔瑗撰”，“《五十二體書》一卷，蕭子雲撰”，“《古來篆隸詁訓名録》一卷”。唐代文人對古文字的認識，還表現在張懷瓘的《六體論》、《古文大篆書祖》，唐玄度的《十體書》等著作中。唐代官制中曾專設有書學博士。《舊唐書·職官志三》：“書學博士二人，學生三十人。博士掌教文武八品已下及庶人之子爲生者。以《石經》、《説文》、《字林》爲專業。”《新唐書·選舉志上》："凡書學：《石經三體》限三歲。"説明古文字學在官方教學中一直存在。

因此，在唐代也出現了一些擅長篆書的書法名家。他們的作品，在石刻中得以保留下來。例如初唐時的陳惟玉，傳説絳州的著名碑刻"碧落碑"是他的手筆。還有書寫"美原神泉詩序碑"的尹元凱，書寫"軒轅鑄鼎原銘"的袁滋，書寫"元刺史摩崖"的瞿令問以及重刻"碧落碑"的鄭承規等人。他們的書體基本沿循《説文解字》中附寫的古文、小篆，但也間或有一些變異，可能來自當時傳留的其他古文字字書、材料等。

唐代篆書家中最負盛名的是李陽冰。他的篆書以小篆結體爲基礎，時有變化，有人認爲他任意改動字形。但其書體均端正可觀。現在傳世的李陽冰篆書石刻(及拓本)有"縉雲縣城隍廟記"、"李氏三墳記"、"遷先塋記"、"庾公德政碑"、"滑臺新驛記"等，但大多原刻早已殘泐，現在所見多爲翻刻。

唐代書法家及文人中可能有很多人都會書寫篆字。所以在唐代的碑刻、墓誌中普遍存在着用篆書題寫碑額(或墓誌蓋)的現象。這些碑額(或墓誌蓋)中，不乏結體嚴謹、書寫美觀的例證。如"伊闕佛龕之碑"、"聖教序"、"姚懿碑"、"嵩陽觀經聖德感應之頌碑"、"李壽墓誌蓋"、"馬稱墓誌蓋"等等，不勝枚舉。在唐代後期記有撰、書人的碑石上，常説明書人兼題篆額。如"李晟碑"、"馮宿碑"，爲著名書法家柳公權書並篆額；"甄叔大師塔銘"爲王周古篆額；"羅池廟碑"爲陳曾篆額；"梁守謙功德銘"爲陸邳篆額；"徐浩碑"爲徐峴書並篆額等等。這不僅反映了古文字知識在唐代文人中繼續傳習的狀況，也給我們留下了大量當時的篆書形體資料。

從這些石刻古文字資料中，我們可以看到當時書寫古文字的

一些基本特徵。首先是以書家摹寫傳襲爲主，文字形體相對比較固定，不會像先秦時期那樣異體紛至。而這些摹寫的篆書、古文，則基本上來源於《説文解字》以及當時傳留的一些古文字書，比較容易追溯其形體淵源。尤其是篆書，大多依據秦漢小篆的形體，比較規整，除在筆畫上略加藝術修飾外，一般變化不大。

但是，隨着時代演進，人們對文字內容的認識有所變化，因而有些字體中也産生了部分訛變。這裏面有當時書家認識上的錯誤，也有書寫時故意追求新異，自行改動文字結構的情況。由於傳寫上的錯誤造成的異體，一般還可以通過與其他古文字材料的對照比較推導出其本字，解釋其演變的過程。而由歷代文人書家變異造成的一些新字體，就很難與古文字材料相比照，也没有古文字的根源，自然在古文字學中也就没有多大研究價值了。這是在識讀隋唐以下的石刻古文字材料時需要加以注意的。

宋代以降的文人中，由於金石學的興起，對古文字的認識有所提高。在當時的一些金石學代表作，如宋人薛尚功的《歷代鐘鼎彝器款識法帖》、王俅的《嘯堂集古録》等，都對商周金文材料做了大體正確的釋讀。對石刻中古文字的釋讀成果，也反映在宋人洪適的《隸釋》、《隸續》等著作中。在《宋史·藝文志》裏，可以看到宋代文字學的興盛景象。當時除保存了大量漢代至隋唐期間的文字學著作外，還出現了不少關於古文字與金石研究的宋人著作，如楊南仲《三體孝經》一卷、蔡京《崇寧鼎書》一卷、王楚《鐘鼎篆韵》二卷、鄭樵《石鼓文考》一卷、翟伯壽《籀史》二卷等等。特别是夏竦的《重校古文四聲韵》與郭忠恕的《汗簡》，作爲重要的古文字字典，至今仍在發揮着重要的作用。

還應該提到北宋初年徐鉉等人校定的漢代重要文字書《説文

解字》。雖然後人認爲徐鉉在校定時有穿鑿附會、變動改易之處，但他們的校本流傳至今，爲後人留下了唐末宋初傳寫的《説文解字》全帙，在學術史上是值得大書一筆的。

因此，宋代古文字書寫的材料也比較規整，合於古代造字體系，且多有據可依。這時篆書的石刻如“千字文”、“三體陰符經”等，多爲端正的小篆，與《説文解字》引用的小篆形體近同。衹是在宋代石刻中，楷書、行書占了絶大部分，篆文書寫的碑文比較少見，墓誌銘的蓋銘、碑文的碑額還有用篆文書寫的，但也不像唐代那樣普遍了。

宋代文人中書寫古文字的好古之風與金石學的盛行密不可分。《宋景文筆記》中曾記載：“(宋人)楊備得《古文尚書》釋文，讀之大喜，書訊刺字皆用古文。”這既説明了當時文人的習古文字之風，又説明當時書寫古文字仍按照古文字材料摹寫。所以，雖然宋代也存在着王安石那樣自己創造異體寫法、曲解字義的情況，還有夢英那樣新創美術篆書的書法家，但這些作法及其文字理論在當時的影響不很明顯。這些變形的篆書也是與先秦古文字毫不相關的，需要慎重區别。明清以來的各種篆法，如九叠篆等，也是如此。

宋代的古文字傳統，在遼、金、元各國也有所沿習傳承。考古發現中得到的金代虞寅墓誌蓋，就是一件稀有的古文字書寫的石刻材料。它上面的古文寫法多源於《古文四聲韵》中收録的古文形體，正是宋代古文字學世代傳衍的極好例證。

明清時代用古文字書寫的石刻主要使用小篆書體，結構形體多仿自《説文解字》等字書材料。限於本書釋讀例證的範圍，就不再詳細介紹了。

【注釋】

[1] 高明:《論陶符兼談漢字的起源》,《北京大學學報》1984 年6期；李學勤:《論新出大汶口文化陶器符號》,《文物》1987 年12 期。

[2] 唐蘭:《中國文字學》、《文字的發生》,上海古籍出版社,1979 年。

[3] 李學勤:《簡帛佚籍與學術史》, 臺北時報出版公司, 1994 年。

[4] 曹錦炎:《岣嶁碑研究》,《文物研究》1988 年 5 期。

第二章　石刻古文字的釋讀方法

石刻古文字是中國古文字學的一個組成部分。對它的釋讀，完全可以運用中國古文字學中已經形成系統的科學釋讀方法。

前輩古文字學者就古文字的釋讀方法曾做過多種歸納，像唐蘭先生在《古文字導論》中對“怎樣去認識古文字”這一問題總結了“對照法”、“推勘法”、“偏旁分析法”、“歷史考證法”四種釋讀方法。楊樹達先生在《積微居金文説》的《新識字之由來》一文中更詳細地列舉了十四種釋讀古文字的方法：“一曰據《説文》釋字，二曰據甲文釋字，三曰據甲文定偏旁釋字，四曰據銘文釋字，五曰據形體釋字，六曰據文義釋字，七曰據古禮俗釋字，八曰義近形旁任作，九曰音近聲旁任作，十曰古文形繁，十一曰古文形簡，十二曰古文象形會意字加聲旁，十三曰古文位置與篆書不同，十四曰二字形近混用。”

高明先生在《中國古文字學通論》中提出了現在仍常用的幾種考釋方法：因襲比較法、辭例推勘法、偏旁分析法等。

以上各種釋字方法，都是古文字學界普遍運用、行之有效的科學手段。在釋讀石刻古文字的過程中，這些方法同樣發揮着作用。但是與釋讀甲骨文、金文、戰國文字等諸類古文字材料不同的是：石刻古文字存在的時代跨度較大，自先秦直至明清時期。因此，在釋讀石刻古文字時，首先必須確認所釋讀的材料屬於哪

一時代，而根據不同的時代在運用釋讀方法時選擇不同的字書、辭書、有關文字資料與文獻資料等。

下面就列舉一些具體例證，介紹幾種主要釋讀方法的運用。

1. 因襲比較法

這是從中國文字形體演變的全過程着眼，通過比較同一文字前後各種不同的字體，分析其因襲關係，找出共同的字源與特點，從而確識古文字的方法。它是釋讀古文字的基本手段之一。運用這種方法，需要掌握大量的古代文字形體資料，掌握其時代特徵與形體變化的過程，並用古文字理論去正確分析這一形體變化的規律,從而將在歷代傳襲中産生了形體變化的文字釋讀出來。

中國古代石刻文字(主要是漢代以降的石刻文字)中使用的篆字、古文，絶大部分並非直接源自先秦古文字，像直接摹寫商周金文、戰國簡牘這樣的現象是很少出現的。當時的書人書寫篆書、古文時，可能主要依據《説文解字》中附録的篆、籀、古文形體，以及一些當時流傳的古文字書。所以，根據《説文解字》釋字，以《説文解字》中所附篆、籀、古文形體作爲比較與對照的基本標準，應該是釋讀石刻古文字中最常用的方法。

例如：三國吴《天發神讖文》中“復”，查《説文解字》二下彳部：“復”，小篆作“復”，除上面一横拉長下垂外，二形體基本相同。可以判定“復”爲“復”變化而來。

又如同一碑文中“備”，查《説文解字》八上人部：“備(備)”，小篆作“備”，比較之下，碑文有所省簡。這也是書寫時趨於方正所造成的。

又如唐代《美原神泉詩序碑》中“則”，據《説文解字》四下刀部：“則”籀文作“則”，从鼎，可以確認爲“則”字。同碑“艁化”，應讀作“造化”，《説文解字》二下辵部：“造”引古文即作"𦚨"。與此相同。

這種對比中，有些變形不大的文字可以直接從古文字書或古文字資料中得到解釋，也有一些文字形體被後代書人在原古文字形體上做了修飾或變動，釋讀時就需要加以分析。如三國吴《天發神讖碑》中"甄"字，應釋"甄"。而《説文解字》十二下瓦部："甄"字小篆作"甄"。查《説文解字》十二上西部"西"古文作卤，可知碑文中是用古文的"西"替代了小篆中"甄"字左上部"西"的寫法。

也有一些石刻中的古文字形體不見於今本《説文解字》。這有兩種可能：一是今本《説文解字》有所遺漏或佚失；二是它來源於其他古文字書或古文字材料。那麽就需要利用更多的古文字資料來比較其形體由來。

例如：漢《祀三公山碑》中"斗"字，應釋爲"斗"。但《説文解字》十四上斗部、"斗"字小篆作"斗"，顯然不符。而在甲骨文中"斗"寫作"斗"，金文中"斗"寫作"斗"，則與碑文寫法相似。可以證實碑文寫法有所出處，小篆形體已有訛變。

又如唐代《美原神泉詩序碑》中"若"，當釋作"若"。而《説文解字》一下艸部："若"字，小篆作"若"。碑文所書字形另有來源。查甲骨文中"若"作"若"，金文中變形作"若"，則爲碑文書體所本。

唐代書法家有時將古文字形體任意改變。所以在唐代及唐代以下的石刻古文字中，出現了多種裝飾性極强的變形以及一些在《説文解字》等字書中無法見到的形體。有些字形甚至在先秦古文字中也很難找到根源，可能是當時書人的創造。當然，也不排除有些形體來源於我們未知的先秦古文字。近代戰國簡帛文字的新發現中就有可以與唐宋時期石刻古文字對應的字體。對於這樣

的字體，可以與現存的《汗簡》、《古文四聲韵》等宋代古文字書、魏三體石經以及其他一些漢唐之間的文字書進行比較，查找其來源及變化規律。

例如：唐代《美原神泉詩序碑》中“[illegible]”字，釋作“神”。其形體來源參見《古文四聲韵》卷一真部所收“神”字的幾種古文寫法：“[illegible]，古孝經。”“[illegible]，豫讓文。”這些寫法應該是漢代以來加以修飾與變化的古文寫法。如將“申([illegible])寫作“[illegible]”，就是一個明顯的例子。這種出於書法美感要求的修飾及變形，早在戰國時期的鳥蟲書中已發其端。

又如唐代《碧落碑》中“[illegible]”字，釋作“先”。《汗簡》卷中之二先部“先”字古文即作此形。从先从欠。罕見於他處。同碑“[illegible]”，讀作“慈”，也是見於《古文四聲韵》卷一之部“慈”下引用的“[illegible]”一例。據《汗簡》中之二心部“慈”字作“[illegible]”,對比可知，這應該是將“慈”改成从“孜”从“心”的形聲字。而後又將“孜”的“文([illegible])”旁變形成[illegible]”，類似“[illegible]”字了。將“慈”寫作“[illegible]”的情況可追溯至戰國時期。齊國陶文中有“[illegible]”(見《古陶文匯編》)，即此“慈”字。

用這種比較法，我們還可以在石刻中找出漢代以後的文人錯誤理解或錯誤使用的古文字形體。例如唐代《碧落碑》中“[illegible]”字，原句應讀作“事高嬪則”，該字爲“高”。然而我們核對甲骨、金文等古文字材料，却可以看到該字是“鄗”的本字，古文字中的“高”從無此種寫法。那麼顯然是唐代書人誤解了古文字，想當然地將“鄗”作“高”來使用了。

2. 辭例推勘法

這是在熟悉古代文獻與古漢語知識的基礎上，對石刻銘文中未能確識的詞語或文字進行推斷。其一是利用古文獻中的常見語詞來推勘，其二則是通過分析石刻銘文本身内容、體例與語句來推勘。當然，同時要輔之以文字形體、音韻方面的證據。

利用古文獻中的常見詞語來推勘，是把在古文獻中所見到的古人習慣用語、成語、詞語典故、句式等具有時代特徵的語言現象與石刻銘文中的詞語作比較，加以推斷。使用時要注意引用文獻與石刻時代的對應關係。例如東漢祀三公山碑中“[古文字]”一詞，前人曾不得確解，有的誤釋爲“鬲我”而不明其義。而從《後漢書》的記載中，可發現當時有一慣用詞——“隔并”。如《後漢書·陳忠傳》云：“故天心未得，並屢臻。”注云：“隔并，謂水旱不節也。”《後漢書·郎顗傳》中也載有：“若令雨可請降，水可攘止，則歲無隔并，太平可待。”“[古文字]”二字，細審字形，可知後一字爲“并”，《望山楚簡》中並字即寫作“[古文字]”；而前一字當爲“鬲”變體，上面一横變成“人”形。這樣，可隸定作“鬲并”二字。漢代“鬲”與“隔”通用，如《漢書·五行志》“鬲閉門户”一句，顔師古注云：“鬲與隔同。”則此詞語釋作“隔并”無疑。

又如唐代《碧落碑》中“[古文字]”一詞，後一字隸定作“敆”，《説文解字》三下攴部：“敆，合會也。”音、義與“合”字相通。古代文獻中常可見到“六合”一詞。如《莊子·齊物論》：“六合之外，聖人存而不論。”代指天地四方，即宇宙之中。碑文中此句爲“俯仰[古文字]敆”，從文義中也可以體會到是指天地宇宙之間，則釋作“六合”無誤。“[古文字]”字不見於其他資料中，懷疑是漢唐間書人杜撰之字。

分析石刻銘文本身的内容與語句，需要通讀有關石刻銘文，了解了内容、文義。再結合上下文去推斷疑難字詞。例如唐代碧落碑中：“[古文字]”一詞，全句爲“柔紛克劭，義切張憑之誄；至德興思，痛深𨻰機之賦。”上下兩句對仗，可知此二字也應該是一位文人的姓名。下一字“機”字形與《説文解字》六上木部“機”字小篆“機”相近，惟省去一“戈”形，可讀作“機”。據此可推知此二字應爲晋代文人“陸機”。陸字此寫法不見他處，惟《汗簡》下之二收一“陸”字作“陸”與此相近。懷疑其左旁爲“阜(阝)”之訛變，右旁爲“㚘”省變。《古文四聲韵》卷五屋部：“陸，陸，古老子。”這種或由後人書寫中故意修飾求奇造成的異體或由歷代訛傳變形造成的異體與原形體相比較的差别是十分顯著的，如没有文句意義的對證，很難確釋。

3. 偏旁分析法

由清代文人孫貽讓大力採用的分析古文字偏旁的識字方法，先是將已經認識的古文字按照偏旁分析成一個個單體，然後把各個單體偏旁的不同形式收集起來研究它們的發展與變化，最後去認識具體的文字。唐蘭先生在《古文字學導論》中也運用了這一方法，認爲這樣衹要認識一個偏旁，就可以認識很多的字。如他分析考證出甲骨文中的“斤”是“斤”以後，就以此根據推斷出“斬”爲“斬”字、“折”爲“折”字、“兵”爲“兵”字、“昕”爲“昕”字、“斧”爲“斧”字等多個甲骨文字。

石刻古文字中同樣可以使用類似方法。如《石鼓文》中有“鱒”字，舊釋“鱒”，是將右偏旁認作“尃”。根據《三代吉金文存》卷七所收録的𡚬𩁹母毁銘文中“旁”寫作“旁”形，可以看出“旁”應該是“旁”的變體，而不是“尃”的變體。所以應釋作“鰟”。同樣，《石鼓文》中的“滂”字也應該是从“水”从“旁”，爲“滂”字，以往釋作“湧”也是錯誤的。

又如唐代《碧落碑》中“𢪔”字。分析偏旁，左側爲“扌”，應該是古代“扌”的一種别體或變形。甲骨文中“折”字作

“[illegible]”(見《殷墟書契前編》4.8.6)，“[illegible]”相當於後來的“扌”旁。故《古文四聲韵》卷五收録“折”字作“[illegible]”，卷一收録“扶”字作“[illegible]”，其左旁“扌”寫法均與“[illegible]”相近，可能均來源於甲骨文中的“[illegible]”。因此，“[illegible]”應釋作“抲”。與“何”字同音假借。

在分析古文字的形體結構變化時，應該注意觀察古代文字傳衍書寫與使用時經常會出現的一些變形規律。如簡化字形、省簡筆畫、省簡部首偏旁、增繁筆畫、添加形符音符、更換形近義近的偏旁、新造會意字、改換聲符以及同音假借等。這些都是古文字變形中常見的致訛原因。有時還會在多種原因共同作用下形成新的異體文字。這種情況如果缺乏旁證，又缺乏字書根據，就很難予以確認。特别是在隋、唐以降的篆書等古文材料中，由於當時的文人追求新奇，率意杜撰，或者使用在傳習中已有訛變的文字形體，就造成了一些很少出現，與先秦古文字也不盡相同的異體字。這些字的釋讀，需要在現有材料的基礎上，推導當時人的思路，認真分析偏旁及字形結構，從而加以確證。

例如《碧落碑》中的“[illegible]”字，如從形體上隸定，應該从“卓”从“各”。但是此字無解。從碑文中“栖真碧[illegible]”一句可以知道它是“落”字無疑。但“落”字怎么會變成這樣呢?古文字材料中也不見如此寫法。但是我們在《古文四聲韵》卷五中看到“落”字的另一種古體：“[illegible]”，實際上是“絡”字假借，从“糸”从“各”。這樣我們可以推測“[illegible]”是“[illegible]”的一種訛變。中古人習寫篆書、古文，大多用前代字書等作範本摹寫，如有訛誤，也往往不追尋原因，祇圖新奇，造成類似的錯字。

又如《碧落碑》中“[illegible]”字，从“山”从“晉”。《説文解

字》中“仙”字原作“僊”。這裏改作“山”旁。實際上不見先例。亦屬臆改。

《碧落碑》中“展”字則寫作“㠭”。《説文解字》八上“展”字小篆作“[illegible]”，這裏進行了大量簡省，僅存音符。類似的簡化常可見到。

《碧落碑》中將“逮”寫作“[illegible]”，可以看作是一個增添偏旁的例子，添加了“艸”旁。同時也可將“隶”旁作簡省。這樣造成的形變往往無前例可證。

甚至有些字形體的變化令人難以解釋，如《碧落碑》中將“是”寫作“[illegible]”，从“四”从“多”。二者聲音與“是”相近。懷疑是改用聲符造字。但其由來不詳，現僅能在《古文四聲韵》、《汗簡》引用的材料内見到類似這種形體的寫法。

至於添加形符，甚至用後來人們的認識去給字體中添加一些有關的形符，那就是很常見的作法了。例如《碧落碑》中將“孤”寫作“[illegible]”，不僅借用“狐”的形體，還給它添上“臣”旁，不知是否要表現“孤臣孽子”的意義。又如同碑中將“昔”字寫作“[illegible]”，添加了“月”旁；將“成”寫作“[illegible]”，添加“穴”旁等，都是後人改變形體的結果。

在這些改變字形，新造會意字或者給原字形内添加新義符的作法中，反映出後人對文字及有關概念的新認識。例如“武”，原造字意義爲表示征戰，所以用足與戈的形狀來表示。漢代學者解釋爲“止戈爲武”。一方面是因爲“足”的象形已經變形成“止”的原因，同時也有儒家主張弭兵思想的影響，《説文解字》十二下戈部：“武，楚莊王曰：夫武，定功戢兵。故止戈爲武。”而在金代的虞寅墓誌蓋上，“武”字寫成了“[illegible]”，即“習戈爲武”。該寫法也源於《古文四聲韵》。説明唐、宋時期人們已經不去考慮“武”可以停止戰爭的觀點了。

另外，有些形體變化純粹由於書家特意美化而形成。例如《碧落碑》中將“列”寫作“[illegible]”，是把《説文解字》引用的小篆“[illegible]”加以更改，以多個點代替竪畫。又如“戌”寫作“[illegible]”，也是將筆畫進行美化的結果。這樣的變形在唐代以下的篆書、古文寫法中很多，有些偏旁形成定式後，可以相互推繹。

古文字形體的變化是十分複雜的，造成變化的原因衆多，時代的變遷更多給它們帶來了一重重由殘訛、湮滅所形成的迷霧。限於篇幅，這裏衹是極爲概括地介紹了一些識讀古文字的基本知識。深入考釋、確認古代文字(特别是未得確解的疑難文字)，還是要在不斷的研究實踐中逐步充實對古代文字形體材料的了解認識，豐富有關文史知識，掌握並熟練運用科學的文字學理論方法。總之，那是一個長期探索的過程。我們希望，這裏的基本介紹就作爲您踏上古代石刻文字考釋之路的一塊墊脚石吧。

第三章　常用工具書簡介

由於石刻中使用古文字的材料比較少，有關石刻文字的字書多着眼於隸書及異體字（別字）等方面，對石刻中古文字形體的釋讀成果，往往與對石刻隸書、別體文字的釋讀同集於一種字書內。如比較早的石刻文字書——宋人劉球所撰《隸韵》、宋人婁機所撰《漢隸字源》，以及後來的清人顧靄吉所撰《隸辨》、翟雲昇所撰《隸篇》等均是如此。這些石刻文字書在刻寫時，大多將原石刻中的字形以隸書（楷書）寫定，失去了原來文字的形貌[1]。此外，這些書中收録的石刻材料，基本上限於三國西晋之時，所以它們收録的古文字形體的也不太多，特别是對隋唐以下的篆書、古文書體没有涉及，無法反映石刻中古文字材料的全貌，對認識、考證隋唐以下的古文字書體幫助不大。

例如《隸辨》，這是一種編寫得比較嚴謹、收録豐富的石刻字典。但是内容以漢代隸書石刻爲主，所收字形也都刻作隸體。篆書的一些寫法混雜其中，有些注明了爲篆書，有的甚至没加説明。如卷一東部：“[illegible]，劉熊碑：動乎險——（按）説文吅，籀文中。”又如卷一真部：“吅，……（按）諸碑从厶之字或書作口，故从厸亦爲吅。……師古曰：厸，古鄰字也。”[2]所以雖然它在石刻文字釋讀中頗具參考價值，但就石刻古文字而言，查尋起來就比較費事，而且字形經過隸定，與原文有一定差距，初學者還需要逐字對比，使用不够方便。

因此，在釋讀石刻古文字時，上述一般常見的石刻文字書並不是我們首選的工具書，但它們可以起輔助作用，如比較其他異體寫法，查找字例出處等。

商承祚先生曾編寫《石刻篆文編》一書，這是一本專門收録石刻裏的古文字書體並加以釋讀的字典。在學習與考證石刻古文字時有很大作用。它是將石刻中的篆文用雙鈎方式摹寫下來，按照《説文解字》的編排順序，分爲十四卷，按部首排列。對在《説文解字》中没有收入的文字則根據其偏旁收入各部之後。便于與《説文解字》對照與互查。該書收入的石刻材料共95種，時代包括商、周、春秋、戰國、秦、漢、魏、吴、晋等朝代。漢代以下(包括漢代)的材料以碑額、碑刻與題字爲主。

《石刻篆文編》中共收録了獨體字1231個、異體字1680個、無法寫正其筆畫而收入附録的文字10個，總計收入石刻中的篆字2921個。這樣豐富的篆文形體不僅爲識讀石刻古文字提供了可靠的參考資料，也爲中國古文字學的研究補充了石刻古文字這一重要環節的基礎材料。在每一個正字下，都收入多種不同的篆文寫法，並且注明時代與原始出處，多數字形下面還附注上該字所在的語句，以便查找與了解語義。這些作法是比較完備的，給使用者提供了極大的便利。同時，通過各種時間早晚不同的書體排列比較，可以一目了然地看出古文字形體的演變情況，分析各個時期的特點，起到文字學研究的作用。對學習書法的人也可以起到範本的作用。

該書由科學出版社在1957年出版。后未重印，現在較罕見。

相比起來，我們在釋讀石刻古文字時使用得更多的，主要是以下幾種古代的文字書以及現代編撰的字典、字形表等工具書：

《説文解字》　東漢許慎撰。現通行本爲北宋時徐鉉改定的，略有增改。它是一部完善的字典，共收入漢字 9353 個。每個字均有小篆寫法，部分字附有籀文、古文等寫法。漢代以後的歷代篆書基本上都沿襲了《説文解字》中的篆書(小篆、籀文、古文等)字形結構。所以，它對認識石刻古文字的幫助很大。特别是該書對每個文字都做了形符、聲符的分析，可以“上溯造字之原，下辨分隸行草遞變之跡”，具有重要的文字學意義。通過它，可以掌握古文字學考釋的基本知識與分析、解讀文字形體的基本方法。清代學者對《説文解字》的研究深入而精到，重要的著作如段玉裁《説文解字注》、朱駿聲《説文通訓定聲》、王筠《説文釋例》《説文句讀》、桂馥《説文義證》等。這些著作有助於更完整地認識《説文解字》中所收漢字的形、音、義，訂正其錯訛，彌補其不足，是使用《説文解字》時常要用到的。

《説文解字》創建了部首系統，將漢字按照其具有的形符類型分成 540 部，依次排列。部首的排列“始一終亥”，相互之間有一定的聯係。但是它撰寫時還没有引入筆畫檢索或音韵檢索的體系，各個部首的排列規律不易記憶，所以查找具體的文字比較困難。針對這一問題，清人刻印時加入了筆畫檢索，附於書後，便利了讀者使用。

限於漢代學者的認識，《説文解字》中對古文字的解釋也存在着一些舛誤。有些經後代學者更正，有些尚需進一步的研究考證，更有些誤解已被新出土的古文字材料證明其謬訛。這是需要我們在使用中留意的。

《汗簡》　北宋郭忠恕撰。它是以《説文解字》和《正始石經》中的篆、古文書體爲基礎，匯集當時可以見到的一些字書、寫本卷子及石刻中的古文字形體而成。其編寫體例仿照《説文解字》，按部首排列。在該書正文前的《引用書目録》中列舉了選用字體時使用的71種書籍、碑刻等，除《説文解字》、《正始石經》與《碧落碑》外，其他材料已亡佚不存。

該書以收集古文形體爲主，每字一體，僅在古文字形下注釋本字與出處，没有更多的涉及文字形、音、義方面的解釋。但有些釋文實際上抄録自原書的假借字，並非這一古文字形體的本字。其中的古文形體除《説文解字》等處附録的古文外，還有籀文、小篆，甚至有後來新造的别體。文字中或有錯訛。這些都是需要注意辨析的。

《汗簡》一書在宋代就很少流傳，靠李建中等的手録本得以存世。現可見到《汗簡》的最早抄本爲明末清初的馮舒抄本。《四部叢刊》曾予影印。後中華書局影印本也採用了這一本子。李零爲該影印本與《古文四聲韵》宋刻本作了整理、説明，並編寫了筆畫索引，使之更加可靠，更加便於使用。

《古文四聲韵》 北宋夏竦撰。它應該是在《汗簡》所收録的古文字材料基礎上編成的，但在編集時採用了按韵部分類排列的形式。同時，《古文四聲韵》引用書目達98種，其中有16種以上是《汗簡》未曾收入的；而《汗簡》所引用過的書目中，《古文四聲韵》没有採用的衹有4種。説明《古文四聲韵》收録的範圍與字數都大於《汗簡》。尤其是它收入了一些隸定的字體，是《汗簡》中所不見的。

《古文四聲韵》的體例，按《四庫全書總目》概括，是“以韵分字，而以隸領篆”。每個字條起首爲釋文，以下列舉各種篆書字體，並注明出處。與《汗簡》一字衹附一種篆體的作法不同，《古文四聲韵》一字下兼收多種篆體，有利於比較對照。對熟習聲韵的人來説，查檢文字比較方便。

《古文四聲韵》在宋代已有刻本，清代乾隆四十四年(公元1779年)汪啓淑一隅草堂刻本等幾種翻刻本可能都是源自宋代刻本。中華書局影印本使用了北京圖書館所藏宋刻配抄本，並附印了北京圖書館藏宋紹興乙丑年(公元1145年)齊安郡學本的殘卷，可提供較完備的接近原貌的資料。

以上兩種字書在編寫中使用了一些漢唐之間石刻上的篆文材料，特别是宋以後的文人往往參照它們來書寫古文，從而對釋讀漢唐以來的石刻古文字材料具有重要的參考價值。

20世紀以來，古文字的研究有了新的發展。隨着考古事業欣欣向榮，大量古代文字資料被發現出來，如殷周甲骨、金文，春秋戰國璽印、陶文、簡牘、貨幣等等。這些材料爲古文字研究提供了豐富的原始資料，從而識讀出大批古代文字。爲了充分認識已取得的成果，綜合反映古文字的形體特徵，從20世紀上半葉開始，古文字學界就陸續編寫了一系列新的古文字字書(字形表)。它們在古文字釋讀與研究工作中起到了重要的作用，是經常被人們應用的重要工具書。在識讀石刻古文字時，爲了了解它們的淵源，查找某一文字形體在歷史上演變的軌跡，或者查尋一些保持了早期古文字形體的石刻古文字，都需要使用這些古文字字書。

現在已出版的古文字字書數量很多。大致可以分爲兩大類：

一類是綜合各種古文字材料匯集而成的文字表。如高明撰寫的《古文字類編》、徐中舒主編的《漢語古文字字形表》、漢語大字典字形組編寫的《秦漢魏晋篆隸字形表》等。這些字表都是收入古文字各個時期的不同字形，依次排列，並附注出處，可以清楚地看到文字形體的變化過程，查找到各種有代表性的異體。但是基本上不解釋字義，不分析字形由來，主要起資料作用。這些都是古文字學習中必備的工具書。

這些字表大多按照《説文解字》的部首排列，便於互查。《古文字類編》則按部首筆畫順序排列，與之不同。下面以常用的《古文字類編》爲例，介紹一下它的體例内容。

《古文字類編》主要收入已確識的古文字，分爲三編：第一編爲單字，以單字計爲 3056 字，連同重文共收入 17005 種字形；第二編爲合文，收入 304 種，連同重文共收入 536 種字形；第三編爲徽號文字，計收 598 種，連同重文共計 942 種字形。可見，收録範圍比較廣泛。

所收文字下一般均分爲二至四欄，以表現各種不同時代的字形。字體均依據實物照片或拓本摹録，基本保持了原貌。爲了簡明，每種異體僅收一個，一般不收同時期相重的字形。字形下加注，説明出處與時代。對同源而後來分化成不同字義的文字，一般排列在同一欄内加以説明。一字多義者以本義或最早的古義爲主，避免同字復出或因假借等造成一字多出。最後附有筆畫檢字，以利查找。

另一類是專門限於某一門類古文字材料的字典。它們專業性强，收録材料完備，編輯體例統一，並能反映當時最可靠的古文字釋讀成果。是十分有用的工具書。其中包括：孫海波《甲骨文編》，容庚《金文編》，羅福頤《古璽文編》，高明、葛英會《古陶文匯編》，葛英會、彭浩《楚簡帛文字編》，郭若愚《戰國楚簡文字編》等等。

這些字典基本上都採用《説文解字》的部首編排順序與分卷形式。對《説文解字》中没有收入的文字字形，按隸定後的部首歸入各部之中。並編有附録，收入了尚未確釋的字形與圖形文字等材料。收入的字形一般均摹寫自原物，盡力保持原貌。最後附

有筆畫檢索及引用資料、書目一覽表等，使用起來方便可靠。

以上各種古文字字典各有特長，在使用中需要互相參考，從而廣泛地尋找有關資料以幫助識讀古文字。需要提醒的是，這些字書均是要從隸定的漢字去查找古文字的有關形體資料。如果我們見到一個不認識的古文字，如何去查找它的讀法呢？這就要先做一番考證分析古文字的工作，先從文字的結構、部首諸方面分析，查找近似部首内形體相似的文字；再從銘文語義中探尋它應該被讀作什麽字義；最後分析它的音符與讀法，看是否與文字的讀音相符，是否與文中音韵符合。之後，再從上述各方面出發去查找有關的字形資料，從而爲確認這一古文字提供旁證。切勿在字典中簡單地找一個形體相似的字去套用。在古文字釋讀中還需要注意古代特定的語言用法、特有詞語、假借用法與字形的變異等諸多因素。這都是應該在使用古文字字典時考慮到的。

此外，再介紹一種新型的戰國文字書——何琳儀所著《戰國古文字典——戰國文字聲系》。這種字典的編著方法獨具一格。它的特點是按照上古音的韵部來收録編排戰國古文字資料。如作者所言："以韵部爲經，以聲紐爲緯，以聲首爲綱，以諧聲爲目。兼及分域，排列戰國文字字形。"[3]

利用聲系排比字表，有利於分析古文字時對字根的探索，也有利於形體之間(尤其是聲符之間)的比較。由於在戰國文字中大量出現假借字、變換音符的異體字等現象，認識當時的聲音規律，通過音系排列去考釋戰國文字這一手段正越來越被人們所關注。這種新角度的字典正是填補了這一方面工具書的空白。

該書以字表爲主，兼及字義、詞義，並從文字學、語音學的角度分析古文字字形結構，將戰國時期的各種文字資料匯集一起，進行有機的組合整理，可以滿足較深層次研究的需要。當然，對於不熟悉古音系統的人來説，查找資料可能有些困難，不過這一點可以從所附筆畫檢字表中得到彌補。

時至今日，有關古文字材料的各種字典、字形表已經出版得很多了。我們這裏衹是介紹了比較實用、比較常見的幾種。也有一些字典專門收集書體，供書法愛好者使用，而從考釋文字、學習古文字方面來講，就不大適合了。

【注釋】

[1] 也有少數晚出的石刻字書採用將原碑字形雙勾摹寫下來的作法，如《隸篇》等。這種作法能表現原來的字形，是一個進步。

[2] 顧藹吉：《隸辨》，有康熙五十七年(公元 1718 年)玉淵堂刻本，乾隆八年(公元 1730 年)黄氏重刻本等。中華書局 1986 年影印了玉淵堂刻本，並加編了筆畫檢字。

[3] 何琳儀：《戰國古文字典——戰國文字聲系》，中華書局，1998 年。

第四章　石刻釋例

本章中選擇了各歷史時期内具有代表性的一些石刻銘文加以釋讀。並對其中需要考釋説明的字形做了注解。每件石刻有關内容包括拓片、概述、釋文與注釋四部分。希望通過它們介紹石刻古文字的具體釋讀方法與有關知識。

1. 商　殷墟出土石𣪘刻銘

1935 年，在原中央研究院對安陽侯家莊 1003 號大墓進行發掘時，於該墓西墓道北部發現了一個打破墓道的長方形小坑，在坑内出土了一些殷商時期的遺物。參與發掘的高去尋先生曾説：該坑中的遺物可能是盜掘者將之埋入的，或者是一座被盜掘過的小墓之劫餘，到底是哪一種情況，還不可確定。遺物中包括三片石𣪘殘件，有一件石𣪘耳部殘片上刻有銘文，存兩行、十六字(如下圖)。此外，在 1003 墓東南方約 140 米的 3082 號探坑中還出土一片石𣪘殘件，可與上述三片確定爲同一器物的殘件。

這件石𣪘耳部的刻銘是商代石器上文字最多的刻銘，也是現存最早的中國古文字石刻題銘。其文字形體、文體句式及“小臣”這樣的合文寫法均與甲骨文相同。高去尋在《小臣䜌石𣪘的殘片與銘文》一文中對其文辭、年代等問題加以考證，結合石𣪘的形制、出土情況等，認爲它是殷後半期，即祖甲、廩辛、康丁、帝乙、帝辛五朝之内的器物與銘刻，距今三千餘年(見《中央研究院歷史語言研究所集刊》28 本下册)。

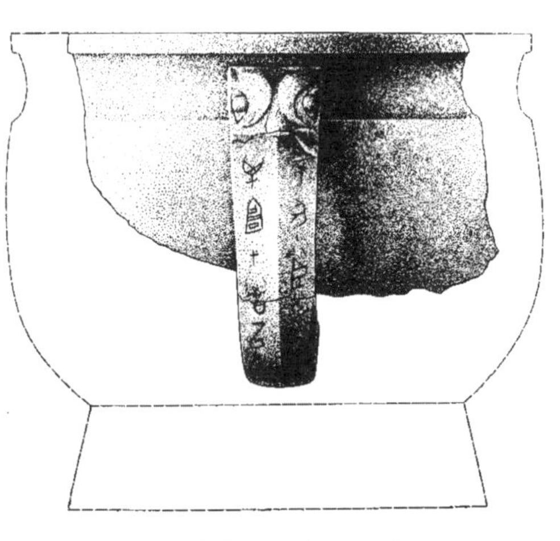

殷墟出土石𣪘(器形)

根據《中國考古報告集之三：侯家莊(第四本)》記録：有銘文的石𣪘耳部殘存87毫米高，22至26毫米寬。刻銘細微，刀法與甲骨契刻相同。它是殷代文字在石刻中的典型代表。

刻銘拓片

【釋文】

辛丑[1]，小臣[2]𢆶[3]入禽[4]，俎[5]，在𠶷[6]，以𣪘[7]。

【注釋】

[1] 辛丑：辛丑。甲骨文中“辛”有“辛”(見《殷墟書契後編》上17.1)、“辛”(見《殷契粹編》962)等寫法，這件石𣪘上的寫法接近後者。“丑”字甲骨文中作“丑”(見《殷契粹編》1450等)，與此近似。辛丑紀日，何年不可考。

[2] 小臣：小臣，二字合文。這種寫法在甲骨文、金文中常見。如《殷墟文字乙編》2451上“小臣”，《三代吉金文存》卷十一、小臣艅尊等。小臣是商王左右的近臣。

[3] 𢆶：𢆶，从爪弄絲。高去尋釋作“系”。《説文解字》十二下系部：“系，系。……𢆶，籀文系从爪、絲。”“𢆶”爲人名。青銅器小臣𢆶方卣中也記載了一個“小臣𢆶”。但該器可能晚至西周早期，與這件𣪘上的“小臣𢆶”是否是同一個人，尚無法確定。

[4] 入禽：入禽。“禽”在甲骨文中常見。孫詒讓《契文舉例》下已釋之爲“禽之省”，唐蘭《天壤閣甲骨文存》中也有考釋。“入禽”可以解釋爲“入擒”。胡厚宣認爲：“入禽者，獻俘之禮也。”(見《甲骨學商史論叢》初集三册《武丁時代五種記事刻

辭》)與銅器不嬰設銘文中“余來歸獻禽”(見《三代吉金文存》卷九)的文義相同。高去尋認爲，“也可解釋爲獻鳥獸。與《韓詩内傳》的‘獻禽’相同”。

[5] ：俎。象形字，像俎案上有肉之形。甲骨文、金文均作此形。高去尋《殷虚出土的牛距骨刻辭》(見《中國考古學報》第四册)，郭沫若《兩周金文辭大系圖録考釋》等均釋之爲“俎”。該字形後變形爲“宜”。戰國文字作“”(見《侯馬盟書》200. 30)等。《說文解字》七下宀部：“宜：，……，亦古文宜。”並另行分化出“俎”字。

[6] ：𠷎。此字在原石上有殘泐。甲骨文中作“”(見《殷墟書契續編》3. 18. 4、《殷契粹編》1410 等)。董作賓《殷歷譜》下編卷九中考證：殷代在今泰山西、南至淮、北至濟之間有一大田獵區。高去尋云：“歷代殷王常往這田獵區田獵。𠷎是這田獵區内一個重要地點。地望當在今日的郯城。”

[7] ：以設。使用設。以，甲骨文作“”(見《殷墟文字甲編》393 等)；設，甲骨文作“”(見《殷墟文字甲編》188)、“”(見《殷墟文字甲編》795 等)，與此近同。

2. 戰國　中山王陵守丘刻石

中山王陵守丘刻石

守丘刻石是20世紀30年代(約公元1935年)在河北省平山縣南三汲村西南發現的，1974年被河北省文物考古工作人員徵集，現存河北省文物研究所。

該件石刻銘文刻寫在一塊天然河光石上，石長0.9米，寬0.5米，厚0.4米。銘文分兩行竪刻，共19字。字體爲戰國古文，陰刻(如右圖)。

守丘刻石所在地爲戰國時期中山國的王陵區，近年在這裏發掘了中山王嚳墓等大型戰國墓葬。有人推測，這件刻石大約刻寫於戰國時期中山王嚳死後至中山國滅亡前的十幾年間(公元前310年～前296年)。它主要記録了這裏監管園陵的官員對後人的告示。字體古樸簡約，具有一定的史料價值與文字學價值。

【釋文】

監罟[1]尤[2]臣公乘[3]得[4]守丘[5]其[6]臼[7]將[8]曼[9]敢[10]謁[11]後俶[12]賢者[13]。

【注釋】

[1] ：監罟。“監”，甲骨文中作“”(見《戰後寧滬新獲甲骨集》1.500)，或作“”(見《殷墟書契後編》下19.13)，从“女”，是表現人面對水鑒自視影像的會意字。金文中特意强調“臣(目)”，作“”(見《三代吉金文存》卷四、頌鼎)，此處左旁與金文寫法相同，右側人(女)形略有改變。“罟”，《石鼓文》《作原》一石作“”。《説文解字》七下網部：“罟，，网也。从网，古聲。”與此近同。

[2] ：李學勤釋作“尤”，讀爲“囿”。《説文解字》十四下乙部：“尤，，异也，从乙，又聲。”是漢代的解釋方法。古文字中“尤”作“”，見《殷墟書契前編》1.5.3所收甲骨。此處“”寫法更近于戰國璽印中刻寫的“有”。如《印郵》等所收録戰國璽印中“有”字均作“”。讀作“囿”亦通。

[3] ：公乘。合文，以右下方合文符號“=”表明。又見於《續齊魯古印捃》所收戰國私璽，作“”。“乘”字省形。“乘”原爲人在禾木上的會意字。甲骨文作“”(見《殷契粹編》209)，金文中有標示人兩足的寫法，如“”(見《三代吉金文存》卷一七、匽公匜)。戰國文字中將人形省作雙足形，如“”(見鄂君啓節)，此處合文中又省作“”。

[4] ：㝵，即“得”字。“得”字原爲手執貝形的會意字，如甲骨文“”(見《殷契粹編》262)。後添加“彳”旁，如“”(《見殷墟書契前編》8.13.3)。“貝”形在金文中開始變化爲“目”形。至戰國文字中仍有大量“得”字寫作“㝵”。

[5] ：守丘。“守”字在西周金文中就已經寫作“”(見《三代吉金文存》卷八、守段)，从宀从寸。戰國文字中出現添加衍畫的寫法“”(見《侯馬盟書》1.6)，與此石寫法相同。“丘”字

寫法見於戰國文字，如鄂君啓節中寫作“[古文字]”，同出於河北平山的中山王陵兆域圖銅板上寫作“[古文字]”，與此石近似，是在“丘”形下添加“土”形的繁化寫法。

[6] 丌：丌，即“其”字。“其”原作箕形，如甲骨文中作“[古文字]”（見《殷墟書契後編》上 22.1）。以後添加“丌”形，如金文中作“[古文字]”（見《三代吉金文存》卷一七、虢季子白盤）。戰國文字中又省形作“丌”，在《侯馬盟書》、《望山楚簡》等材料中均有出現。

[7] [古文字]：臼。《説文解字》七上臼部：“臼，[古文字]，舂也。古者掘地爲臼，其後穿木石。象形。中米也。”其形體沿襲至今。李學勤讀作“舊”，以修飾下文“將”字。黄盛璋則讀作“柩”，認爲指棺柩。

[8] [古文字]：醬，讀作將。从爿从酉。《説文解字》十四下酉部：“醬，[古文字]，醢也。从肉、酉，酒以和醬也。爿聲。[古文字]，古文。”戰國簡帛、璽印文字中多以“醬([古文字])”假作“將”。如包山楚簡中“將以成收”(2.147)，長沙子彈庫楚帛書“帝將繇以亂□之行”等處均作“[古文字]”。

[9] [古文字]：李學勤釋此字爲“曼”。黄盛璋釋此字爲“敗”。

[10] [古文字]：敢。《説文解字》四下𠬪部：“敢，[古文字]，……[古文字]，籀文敢。[古文字]，古文敢。”籀文寫法與此石相近。古文字中“敢”原作“[古文字]”（見《三代吉金文存》卷四、盂鼎），又變形作“[古文字]”（見《三代吉金文存》卷九、頌毀）。戰國文字中作“[古文字]”，見《侯馬盟書》92.24。

[11] [古文字]：謁。《説文解字》三上言部：“謁，[古文字]，白也。从言，曷聲。”“曷”旁在現可見到的戰國璽印文字中寫作“[古文字]”形。如“歇”字作“[古文字]”（見《澂秋館藏印》），“竭”作“[古文字]”（見《鐵雲藏印》），“楬”作“[古文字]”（見《續齊魯古印捃》），“渴”作

“[illegible]”（見《十鐘山房印舉》）等。據此可知此字从言，曷聲，爲“謁”字。

[12]　[illegible]：後𡬠（俶）。《説文解字》二下彳部：“後，[illegible]，……[illegible]，古文後从辵。”此石寫法將下部改寫作“口”形。戰國陶文中有相近寫法，如“[illegible]”（見《古陶文孴録》）。河北平山出土戰國中山王方壺上也將“後”寫作“[illegible]”，可見在後字中添加“口”是這裏當時流行的寫法。

[13]　[illegible]：賢者。《説文解字》六下貝部：“賢，[illegible]，……从貝，臤聲。”戰國璽印文字中有在“又”上添加衍畫的寫法，如“[illegible]”（見故宫博物院藏印）。這裏也是在“又”上添衍畫，并將“又”各筆斷開的變形。“者”，戰國文字中寫作“[illegible]”（見《侯馬盟書》98.13），“[illegible]”（見信陽楚簡）等，與此石寫法近同。

3. 戰國　秦石鼓文

石鼓文是最負盛名的中國古代石刻，堪稱國寶。原石一共有十件，每件上刻寫一首古詩。其外形原爲上圓下平的天然花崗石塊，後在五代時散失鄉野，有的刻石被鑿成石臼，致使這十件石刻的外形大小不一。由於唐代最先介紹它的文人將它叫作“石鼓”，後代遂沿襲此名，甚至一些複制品也雕刻成鼓的外形。但按照考古類型學的分類標準，這些石刻應屬於“碣”，是尚無固定外部形制時的原始石刻類型。

根據《元和郡縣圖志》的記載，在唐代已發現了這批石鼓。唐貞元年間，鄭余慶將其移至鳳翔夫子廟中收藏。五代時散落民間。在宋代，司馬池多方收集，找回九件。而後向傳師在皇祐四年(公元 1052 年)找到最後一件。北宋皇室喜愛金石收藏，將石鼓也運到汴梁皇宮中保和殿保存。宋徽宗還下令用黃金填入石鼓上的文字中。而金兵攻破汴梁後，將石鼓與其他宮中珍寶一并掠至燕京，連石鼓中嵌的金子也被剔出，致使文字殘損嚴重。此後，石鼓一直存留於北京，抗戰期間曾被運往西南，抗戰勝利後返回北京，現存北京故宮博物院中。

石鼓文屬傳世品，有關的早期記載又不够明確，銘文中缺乏有關斷代的信息，所以，對石鼓文本身刻寫時間的探討與考證一直是有關石鼓文研究中的一個重要課題。唐、宋以來的學者曾提出多種意見，如：春秋時期的秦襄公八年、秦文公年間、秦宣公四年、秦穆公年間和戰國時期的秦獻公十一年等，還有北魏、北周等說法。但這些說法均屬推測，缺乏可信的證據。衹有一點可以確定，就是石鼓屬於先秦時期的銘刻。

由於年代久遠，兼之人爲破壞，石鼓上的文字已經嚴重殘泐。有的地方石皮整片脱落。據統計僅存272字。原來傳留的早期拓本多爲元拓，殘泐文字較多。明代楊慎曾介紹一種全文拓本，已被後人認定爲僞造。二十世紀初，明人安國收藏的宋拓本三種被介紹出來，即被分别稱作《先鋒》、《中權》、《後勁》的宋拓，但已流入日本。郭沫若《石鼓文研究》一文中影印介紹了這三種拓本的照片。這批材料是現在能見到的最爲完整的石鼓銘文，是從事釋讀、研究與摹寫的重要資料。

十件石鼓上刻寫的十首古詩，學者認爲屬於一個系列，記録了秦王出巡、田獵的整個過程。對其順序有幾種不同的排列方法。前人根據各石上殘存的文字分别將其命名爲："汧沔、霝雨、而師、作原、吾水、車工、田車、𠅸𣪘、馬薦、吴人。"

石鼓文字書體端嚴古樸，承繼了西周金文的風格，近代學者將其歸入籀文，或稱之爲戰國秦系文字。它的寫法下延及小篆，是重要的古文字資料。同時，它還是書法學習的良好範本。現選譯其中保存較好的四石："汧沔"、"霝雨"、"車工"、"田車"，並加以注釋。

【釋文】

汧[1]也[2]沔沔[3]，丞[4]彼[5]淖淵[6]。鰋[7]鯉處[8]之，君子漁[9]之。澫[10]有小魚[11]，其游[12]𢧵𢧵[13]。白[14]魚鱳鱳[15]，其盜[16]氐鮮。黄帛其鯾[17]，有鰟有鮊[18]。其朗[19]孔庶，臠之㝬㝬[20]。汪汪趞趞[21]，其魚惟可[22]，惟鱮[23]惟鯉。何以橐[24]之，隹楊及[25]柳。

□□□癸[26]，靁雨[27]□□。流迄[28]滂滂[29]，盈渫[30]濟濟。君子即涉，涉[31]馬□流。汧也洎洎[32]，淒淒[33]□□。舫舟[34]西逮[35]，□□自鄘[36]。徒御[37]湯湯，惟[38]舟以行。或陰或陽，极深[39]以□。□於水一方。勿□□止，其奔[40]其敔[41]，□□其事。

吾[42]車既工[43]，吾馬既同，吾車既好，吾馬既駘[44]。君子員獵，員獵[45]員游。麀鹿[46]速速[47]，君子之求。牸牸[48]角弓，弓兹以寺[49]。吾驅[50]其特，其來趩趩[51]。𧻚𧻚炱炱[52]，即吾即時。麀鹿速速，其來大次[53]。吾驅其樸[54]，其來遺遺[55]，射[56]其豣蜀[57]。

田車孔安[58]，鋚勒[59]馬馬[60]。四介[61]即簡，左驂[62]旛旛[63]。右驂騝騝[64]，吾以隮[65]於原[66]。吾戎止陕[67]，宮車其寫[68]。秀弓寺射，麋[69]豕孔庶。麀鹿雉兔，其遺又旃[70]。其□奔奔[71]，(下泐)執[72]而勿射。多庶趮趮[73]，君子逌[74]樂。

石鼓文 1－1

【注釋】

[1] 𣲝：汧。即汧水。《説文解字》十一上水部："汧，𣲝，水。出扶風汧縣，西北入渭。"汧水流經今陝西隴縣、千陽、寶鷄一帶。

[2] 殹：殹，即"也"。《説文解字》三下殳部："殹，殹，擊中聲也。从殳，医聲。"

錢大昕《石鼓文釋存》云："疑即古'池'字。"張政烺《獵碣考釋初稿》指出："錢説殊誤。'殹'明是語助。"郭沫若《石鼓文研究》中稱："殹字，秦文多用爲也。此處當讀爲兮，若猗字。"讀"也"亦通。

[3] ：沔沔，=爲重文號。《説文解字》十一上水部："沔，，水。出武都沮縣東狼谷，東南入江，或曰入夏水，從水，丏聲。"前人或讀作"泛"。泛泛，形容水漲的樣子。張政烺《獵碣考釋初稿》云："《詩·新臺》'河水瀰瀰'，'河水浼浼'皆訓盛貌。'沔沔'與之音義並近。"

[4] ：丞。《説文解字》三上𠬞部："丞，，翊也。從𠬞、從卩、從山。山高奉承之義。"此石寫法與小篆正同。郭沫若《石鼓文研究》云："丞，進也。"强運開《石鼓釋文》認爲釋作"承"。指汧水承接着淖淵，亦通。

[5] ：皮。《説文解字》三下皮部："皮，，……，古文皮。，籀文皮。"金文中已寫作""(見《三代吉金文存》卷八、叔皮父段)。戰國文字中亦沿其形。《説文解字》所引小篆、古文、籀文均爲此形變異。前人均將"皮"讀作"彼"。

[6] ：淖淵。《説文解字》十一上水部："淖，，泥也。"郭沫若《石鼓文研究》云："淖，當是清澄之意。"據上文言水漲泛濫之義推測，稱"淖淵"爲混濁的淵水更合文義。

石鼓文 1-2

[7] ：鰋。魚名。《説文解字》十一下魚部："鰋，。鮀也。从魚，妟聲。，鰋或从匽。"

[8] ：處。《説文解字》十四上几部："処，，……，処或从虍聲。"金文中寫作：

石鼓文 1－3

“”（見《三代吉金文存》卷四、舀鼎），小篆與石鼓文上的寫法沿襲金文結構。

[9] ：漁。羅振玉《石鼓文考釋》中認爲此字即《説文解字》十一下䰲部：“瀏”字。“瀏，捕魚也。……，篆文瀏，从魚。”《三代吉金文存》卷八遹段中“漁”字亦寫作“”。

[10] ：濿，即“濿”字。《説文解字》十一上水部：“砅，，履石渡水也。从水，从石。《詩》曰：“深則砅。，砅或从厲。”楊慎讀作“漫”。此處據文義當爲水名，或指有石底的河段。

[11] ：小魚，二字合文。宋、明學者多誤釋作“鯊”。清代學者錢大昕始云：“當是小魚二字。”（見《潛研堂金石跋尾》）

[12] ：斿，即“游”字。《説文解字》七上㫃部：“游，，旌旗之流也。”甲骨文中即作人執旌旗狀，如：“”（見《鐵雲藏龜》132.1），金文中亦如此，作“”（見《三代吉金文存》卷三、仲斿父鼎）。

石鼓文 1－4

[13] ：趱趱。= 爲重文符號。趱趱爲形容小魚游動的樣子。强運開《石鼓釋文》認爲《説文解字》十一上水部有“汕”字，魚游水貌，疑即此字。張政烺《獵碣考釋初稿》云：“字从㚔，散聲，當訓行貌。《漢書・外戚傳》：‘何姗姗其來遲。’《注》：‘行貌’。‘趱趱’與‘跚跚’當音義同”，“又‘汕汕’之假借矣。”

[14] ：帛，此讀作“白”。《説文解字》七下帛部：“帛，，繒也，从巾，白聲。”

石鼓文 1－5

[15] 𦄻：皪皪。=爲重文符號。據上文“帛”與“白”通，此字可釋作“皪”。《廣韵》：“皪，音沥，的皪，白狀。”張政烺《獵碣考釋初稿》云：“‘皪皪’重言。”（見《詩·淇澳》《箋》）

[16] 𥂾：盜，即“盜”字。前人有釋作“菹”、“筵”等字，均誤。《汗簡》中之二次部：“𥂾，盜，出碧落文。”可證釋“盜”有據。郭昌宗已釋作“盜”。張政烺《獵碣考釋初稿》云：“當是‘罩’之异文。”

[17] 𩹉：前人或釋作“鯿”、“鯾”等字。郭沫若《石鼓文研究》隸定作“鯾”。羅振玉先已有此説，認爲“毛白彝‘𩣡’作‘𩣡’，从鞭、馬二字會意。大蒐鼎作‘𩣡’大鼎作‘𩣡’，鳳文尊作‘𩣡’。是古文之‘㝃’一變而爲‘㝃’，再變爲‘㝃’，三變爲‘㝃’。他指出此字是《説文解字》十一下魚部“鯾，𩹉。”該字又作“鯿”，《説文解字》，“鯾又从扁。”魚名。

[18] 又鰟又鮊：有鰟有鮊。“又”即古“有”字。《殷契粹編》27“有大雨”，“有”即寫作“㞢”，金文中始添加“肉(月)”部。

石鼓文 1－6

“鰟”字前人均釋“鱄”，不見於《説文解字》。强運開云：《爾雅疏》載：‘魚之大者名爲鱄。’見於《吕氏春秋·本味》：‘魚之美者，洞庭之鱄。’又《玉篇》載：‘鱄，鮃魚，一名江豚。’”按江豚今存四川及長江流域，可能不生活在西北。“鮊”有人認爲就是《説文解字》十一下魚部“鮊”字。“鮊，海魚名。”於地理不合。頗疑“鰟”當釋“鰟”。《三代吉金文

存》卷七、妘曌母段銘文中“旁”字寫作“㫄”，與此石“鰟”字的右旁相近。《説文解字》十一下魚部：“魴，赤尾魚也，从魚方聲。鰟，魴或从旁。”而下面“鮊”應該就是白魚。上文有“白”、“帛”相通例。有紅尾魚，有白魚，加上上文的“黄白鯿魚”，正是形容水中魚兒五彩繽紛的景像。

[19] 朢，朗，前人曾釋作“豆”、“望”、“湆”等多字。郭沫若《石鼓文研究》云：“余疑古景字，景从日、京聲，乃形聲字，此則會意字，言人對月而立則生景也。今作影。”郭説缺乏古文字中的旁證。如從觀魚角度去解釋，則釋作“望”較貼近，且字型尚可解釋。“望”本爲人張目望月之形，如金文“朢”（見《三代吉金文存》卷一三、臣辰卣）。《三代吉金文存》卷四、無叀鼎中“既望”一詞，“望”作朢。可能由此變形爲“朢”。此備一説。

石鼓文 1－7

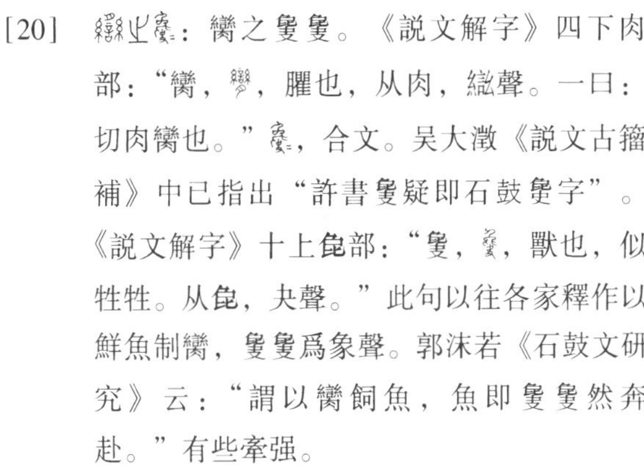

[20] 臠之䨲䨲：臠之㲋㲋。《説文解字》四下肉部：“臠，臠，臞也，从肉，䜌聲。一曰：切肉臠也。”䨲，合文。吴大澂《説文古籀補》中已指出“許書㲋疑即石鼓䨲字”。《説文解字》十上㲋部：“㲋，㲋，獸也，似牲牲。从㲋，夬聲。”此句以往各家釋作以鮮魚制臠，㲋㲋爲象聲。郭沫若《石鼓文研究》云：“謂以臠飼魚，魚即㲋㲋然奔赴。”有些牽强。

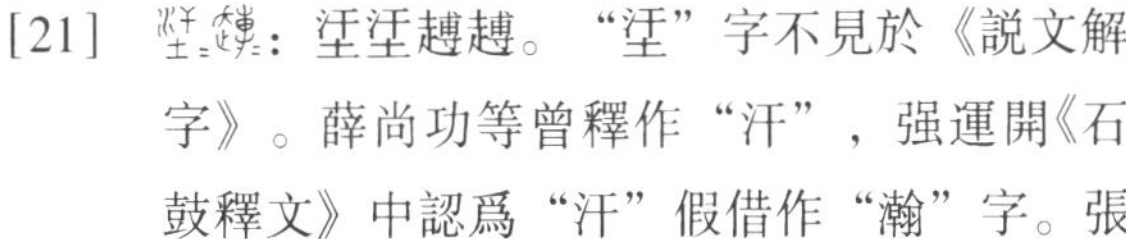

[21] 𣲢趀：坙坙趩趩。“坙”字不見於《説文解字》。薛尚功等曾釋作“汗”，强運開《石鼓釋文》中認爲“汗”假借作“瀚”字。張

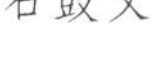

石鼓文 1－8

石鼓文 1－9

石鼓文 1－10

石鼓文 1－11

政烺《獵碣考釋初稿》云：“與《江賦》之‘汗汗’，《吴都賦》之‘澌澌’同義。水流行聲勢也。”“‘趱趱’當與‘甫甫’同義。”“趱”亦不見《説文解字》之中，前人或釋爲“博”，或讀作“遄”。郭沫若《石鼓文研究》中云：“均當是行動之意。猶言趕趕赴赴也。”

[22] 可：惟可。可，此處借作“何”。“惟”在古文字中通作“隹”。如《三代吉金文存》卷十六、宰椃角“惟王廿祀”作“”。

[23] ：鱮。《説文解字》十一下魚部：“鱮，，魚名。从魚、與聲。”

[24] ：橐。《説文解字》六下槖部：“橐，，囊張大皃。”此處作動詞使用。郭沫若《石鼓文研究》云：“言罩也。”金文中从“缶”，作“”(見《三代吉金文存》卷四、毛公鼎)。

[25] ：及。《説文解字》三下又部：“及，、逮也，从又，从人。”以上兩句，前人認爲是用楊柳枝貫穿魚(或用楊柳筐裝魚)。郭沫若則云：“之指汧水，言汧之兩岸有楊柳垂罩也。”

[26] ：癸。《説文解字》十四下癸部：“癸，，……，籀文,从

石鼓文2－1

𠂹，从矢。”與此同。

[27] 雨：霝雨。《説文解字》十一下雨部：“霝，，雨零也。”《詩經・豳風・東山》“零雨其濛”，《説文解字》引作“霝雨其濛”。

[28] ：流迄。《説文解字》十一下林部：“流，，水行也，从林，从㐬。……，篆文从水。”其小篆正與此相同。《説文解字》二下辵部新附字：“迄，，至也。”强運開《石鼓釋文》認爲迄即汔。《詩經・大雅・民勞》：“民亦勞止，汔可小康。”傳云：“汔，危也。”鄭箋：“汔，幾也。”此處似解釋作“至”更切近。

[29] ：滂滂。舊釋作湧。據字形更近於“滂”。參見上文“鰟”字注。郭沫若《石鼓文研究》已改釋作“滂”。

[30] ：盄渫。郭沫若《石鼓文研究》釋作“盈渫”，認爲：“渫疑涘之異文，从水、某聲。水涯也。”郭説不詳何據。《集韵》收有从水、某聲之“渫”字，云：“壞也。”與涯涘不涉。前一字見《説文解字》五上皿部：“盄，，器也。”形體與之相近。“盈”，《説文解字》五上皿部小篆作“”，爲皿中有肉之意，與此處形體不符。“”舊釋“渫”。《説文解字》十一上水部：“渫，，除去也。”於意難通。張政烺《獵碣考釋初稿》云：“‘渫’當與‘滿’音義同，又與‘浵’字近。”頗疑“盄”字借作“迢”，形容水流遥遠。“盄”字“弔”聲，與“召”同在古音“宵”部。何琳儀《戰國古

石鼓文2－2

文字典(戰國文字聲系)》宵部“盄”字下注：“石鼓盄，讀迓。《説文》：“迓，至也。从辵，弔聲。’渫疑讀海。”此説值得重視。

[31] 涉=：涉涉，有重文號“=”，下一“涉”字斷從下句：“涉馬□流。”《説文解字》十一下林部：“涉、𣻎，徒行厲水也。从林，从步。涉，篆文从水。”此處寫法近古。甲骨文作“涉”(見《殷契粹編》934)與“涉”(見《殷契佚存》699)，金文中作“涉”(見《三代吉金文存》卷九、格伯毁)，均是表示兩足涉水，水在中央。

石鼓文 2－3

[32] 洎=：洎洎，重文。《説文解字》十一上水部：“洎，洎，灌釜也。从水，自聲。”强運開《石鼓釋文》云：“蓋謂汧水涌盈如水沸騰狀。”

[33] 淒=：淒淒。重文。《説文解字》十一上水部：“淒，淒，雲雨起也。从水，妻聲。”

[34] 舫舟：舫舟。《説文解字》八下舟部：“舫，舫，船也。”

石鼓文 2－4

[35] 西逮：西逮。西，以往各家均釋作“西”，甲骨文中“西”即作“西”(見《殷契佚存》200)，又作“西”(見《殷墟文字甲編》740)。後代有所衍變。《石鼓文》“吴人”一石中“西”字則寫作“西”。郭沫若《石鼓文研究》中將此“西”釋作“囟”，認爲“囟讀爲悤遽之悤。”即“匆”字，可備一家之説。張政烺《獵碣考釋初稿》亦釋作“囟”，認爲“蓋假爲‘悤’字。‘悤逮’猶言‘悤至’也。《禮記·月令》‘寒氣總至’。《注》‘猶猥卒’。則假‘總’

石鼓文 2－5

石鼓文 2－6

字爲之。”讀作“西”亦通。《説文解字》二下辵部：“逮，，及也。”所引小篆與此相同。

[36] ：鄜。該字不見於字書，當爲古代地名。清代以前諸家多不加注釋。王國維認爲這一句上缺二字應是“我來”，全句爲“我來自雍”，釋爲秦都雍城之“雍”。趙烈文讀作“鄠”。郭沫若認爲：“此字从邑，聲，當是蒲谷之蒲之本字。”馬叙倫釋作“鄘”。於聲音、地理等均不甚合。張政烺《獵碣考釋初稿》中疑爲“鄜”字，即秦“鄜畤”。其地在雍邑之西。蘇秉琦曾結合實地勘察，論證該字應爲“鄜”地(見《石鼓文“”字之商榷》，《史學集刊》第一期)。

[37] ：御。《説文解字》二下彳部：“御，，使馬也。……，古文御，从又、馬。”即“馭”。金文中作“”(見《商周金文録遺》頁九九、禹鼎)。與此寫法近同。

[38] ：維舟。“維”古代寫作“隹”，上文已注。《爾雅·釋水》：“天子造舟。諸侯維舟。”注云：“維，連四船。”

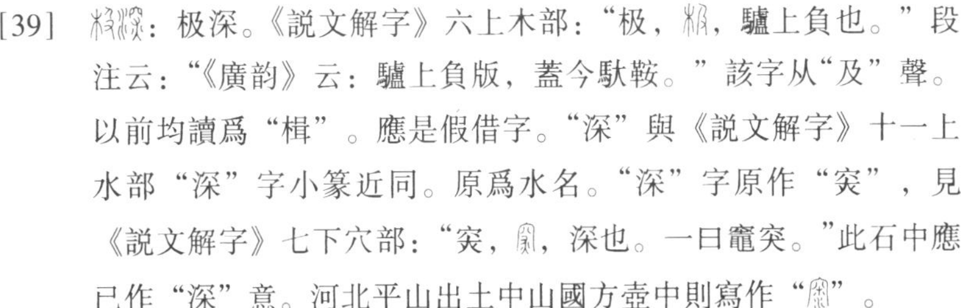

[39] ：极深。《説文解字》六上木部：“极，，驢上負也。”段注云：“《廣韵》云：驢上負版，蓋今馱鞍。”該字从“及”聲。以前均讀爲“楫”。應是假借字。“深”與《説文解字》十一上水部“深”字小篆近同。原爲水名。“深”字原作“罙”，見《説文解字》七下穴部：“罙，，深也。一曰竈突。”此石中應已作“深”意。河北平山出土中山國方壺中則寫作“”。

石鼓文 2－7

石鼓文 2－8

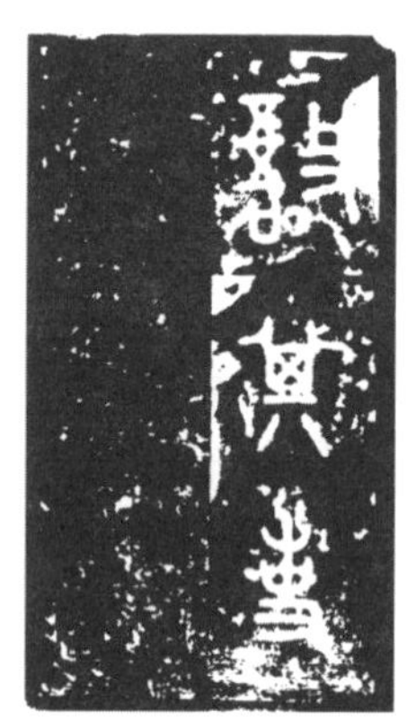

石鼓文 2－9

[40] ：奔。《説文解字》十下夭部："奔，。走也，从夭，賁省聲。"古文字中"奔"字原从"夭"，从三"止"，以會意。如金文""(見《三代吉金文存》卷四、盂鼎)、《石鼓文》"田車"一石中還寫作""。此石已訛變作三"又"。造成漢代文字學中的誤釋，由會意字變成了新造的形聲字。

[41] ：敔。《説文解字》三下攴部："敔，，禁也。……从攴，吾聲。"段注："與圉、御音同。《釋言》：'御、圉、禁也。'"此處作禁衛解。"吾"旁上面的"五"叠加作爲修飾，是古文字中增繁的一種表現。西周金文中已見。

石鼓文 3－1

[42] ：遬，通作"吾"。

[43] ：既工。此句與下一句"吾車既工，吾馬既同"與《詩經·小雅·車攻》前二句相似。"工"，《車攻》作"攻"。傳云："攻，堅。同，齊也。"意思是：我的車已經修整堅固，我的馬已經配備整齊。

[44] ：騂。潘迪《石鼓文音訓》中稱：从馬缶

聲，疑與“阜”音義同。任兆麟《石鼓文集釋》中也説：與《詩》“駟驖孔阜”之阜同，言馬肥大也。或疑爲“駍”字簡省。《説文解字》十上馬部：“駍，騊，騊駼，北野之良馬也。”

石鼓文 3－2

石鼓文 3－3

[45] 鼎=邋=：員獵，員獵，重文。後一“員獵”與下文“員斿”連讀。《説文解字》六下員部：“員，員，……鼎，籀文从鼎。”“獵”字，張德容等人釋“邋”。《説文解字》二下辵部：“邋，邋，搚也。”現均从“巤”聲讀作“獵”。“員”與“云”同，虚詞。

[46] 麀鹿：麀鹿。《説文解字》十上鹿部：“麀，麀，牝鹿也。”“鹿”字象形，甲骨文、金文至小篆均相承其形體。

[47] 速=：速速。重文。《説文解字》二下辵部：“速，速，疾也。从辵，束聲。”

[48] 騂=：騂，此句與《詩經·小雅·角弓》“騂騂角弓”一句相同。《詩經》毛傳云：“騂騂，調利也。”釋文云：“騂，《説文》作弲。”《説文解字》十二下弓部：“弲，弲，角弓也。”段注云：

石鼓文 3－4

石鼓文 3－5

"釋文曰：騂，《説文》作弲，音火全反，此陸氏之偶誤。蓋角部稱觲觲角弓。"《説文解字》四下角部："觲，觲，用角低仰便也。从羊、牛角，讀若詩曰觲觲角弓。"上引觲、騂字均从"辛"聲，羊、馬兩偏旁義同，指調弓時的聲音。

[49] 寺：寺，此處假借作"持"字。

[50] 敺：敺，讀作"驅"。敺、驅同韵。强運開《石鼓釋文》云："《周禮》'以靈鼓敺之'，《孟子》'爲淵敺魚'，……皆用古文，可爲此證。"

[51] 趩=：趩趩，重文。《説文解字》二上走部："趩,行聲也。从走，異聲，讀若勅。

[52] ⿱辥火：⿱辥火⿱辥火，重文，前人讀作"炱"。《説文解字》十上火部："炱，炱，灰炱煤也。"段注："《通俗文》曰：積烟曰炱煤。"張德容認爲"臬字籀文从辥作櫱。知⿱辥火爲炱之籀文"，"當是塵起之貌。"

[53] 大次：大次。"次"字上部殘泐。郭沫若《石鼓文研究》中稱："次，恣省，與逨爲韵。"

[54] 樸：樸。《説文解字》六上木部："樸、樸，木素也。"又"樸，朴，木皮也。"現簡化字合爲一字。《説文解字》二上牛部：

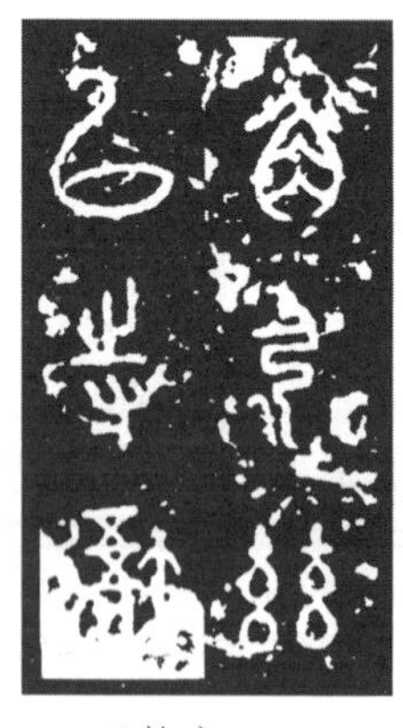

石鼓文 3－6

石鼓文 3－7

石鼓文 3－8

“特，，特牛也。”段注云：“鉉本云：樸特，牛父也。按《天問》‘焉得夫樸牛’。洪氏引《説文》‘特牛，牛父也。言其樸特。’皆與鍇本異。”郭沫若《石鼓文研究》云：“此樸特二字均非牛父之意，乃因合韻之便用爲牡字義。”而石鼓文中“特”、“樸”分用，似非合韻。

[55] ：遺遺。《説文解字》二下走部：“走，，媟走也。”又十二下女部：“媟，嬻也。”“嬻，媟嬻也。”段注云：“《方言》曰：媟，狎也。《漢枚乘傳》曰，以故得媟黷貴幸。今人以褻衣字爲之。褻行而媟廢矣。”則“遺”即後行之“黷”字。此處作象聲詞，與“馬蹄的的”之“的的”相似。

石鼓文 3－9

[56] ：射。象手執弓形。甲骨文中作“”（見《殷契粹編》130）。金文中添加手（又）形，如“”（見《三代吉金文存》卷六、静𣪘）。

[57] ：貀蜀。郭沫若《石鼓文研究》云：“貀，《玉篇》以爲豜之或作。《説文》：‘豜，三歲豕，肩相及者也。《詩》曰：並驅从兩豜兮。’今《詩·齊風》作肩。《毛傳》云：‘獸三歲曰肩。’又《邠風》‘獻豜於公’，傳亦云‘三歲曰肩。’《周禮·大司馬》注引作肩。先鄭云：

石鼓文 3－10

石鼓文 3－11

'四歲曰肩。' 肩即豣省。歲無論其三四，蓋不限於豕也。蜀假爲獨。當指離群而獨逸者言。"張政烺《獵碣考釋初稿》云："蜀音有大訓。《爾雅·釋畜》：'鷄大者蜀。'"潘迪曾懷疑"蜀"是"犢"字。强運開引《山海經》釋"蜀"爲獸名，即"鹿蜀"。諸説中以郭張二説較爲通達。

[58] ：孔安。孔，金文中已作""（見《三代吉金文存》卷一七、虢季子白盤）。安，甲骨文中作""（見《殷墟書契後編》上册 9.13），金文作""（見《三代吉金文存》卷九、格伯段）等，均與此石寫法相近。孔有"甚"、"大"等義。如《詩經·小雅·鹿鳴》"德音孔昭"，《老子》"孔德之容"。

[59] ：鋚勒。讀作"鞗勒"。《詩經·小雅·蓼蕭》："鞗革冲冲，"傳云："轡也。"《説文解字》十四上金部："鋚，，鐵也，一曰轡首銅也。"段注云："别一義。《小雅》：鋚革冲冲。毛傳曰：鞗，轡也。革，轡首也。按鞗轡也，當作鞗轡首飾也。轉寫奪去二字耳。……鋚即鞗字，《詩》本作攸，轉寫誤作鞗。……古金石文字作攸勒，或作鋚勒。轡首銅者，以銅飾轡首也。革部勒下云：馬頭絡銜也。即毛傳所謂轡首也。"

石鼓文 4－1

[60] ：馵。原石該字右下部殘泐。《説文解字》十上馬部："馵，，馬一歲也。从馬，一絆其足。讀若弦，一曰若環。"馵，安與下文旛、建、原等同屬古元部韵。舊釋馯、馬，駦等，疑誤。

[61] ：四介。《説文解字》二上八部："介，，畫也。从人，从八。"當與《詩經·鄭風·清人》："駟介旁旁"之"駟介"相同。鄭箋云："駟，四馬也。"

[62] ：左驂。《説文解字》十上馬部："驂，，駕三馬也。"此

處指左側的駕車馬。

[63] 旛=：旛旛，重文。《說文解字》七上㫃部：“旛，旛，幅胡也。”是指旗幟下垂的部分。這裏用以形容馬匹肥壯的樣子。《詩經》毛傳云:“猶翩翩也。”

[64] 騝=：騝騝，重文。《爾雅・釋畜》：“駵馬黄脊，騝。”這裏形容馬的健壯。

[65] 隮：隮。以往諸家均釋“隮”，從“阜”從“妻”。《集韵》載隮或作陵。《詩經・鄘風・蝃蝀》：“朝隮於西。”毛傳：“隮，昇。”

[66] 邍：原。《說文解字》二下辵部：“邍，邍，高平之野，人所登。從辵、備、録、闕。”即此字。段注云：“惟見《周禮》。”《周禮・地官・司徒》今本作“原”。

[67] 阦：阦。潘迪《石鼓文音訓》疑是陸字。張德容認爲是《說文解字》中陸字的籀文“𨺅”之省形。郭沫若《石鼓文研究》云：“阦字屢見卜辭，作阦，亦作阦若阦，金文父辛盤有阦字，當是一字。”定爲从阜从矢之字。張政烺《獵碣考釋初稿》云：“《考工・匠人》：‘王宫門阿之制五雉。’《注》：‘長三尺，高一丈。’疑‘阦’即此‘雉’之本字。”

石鼓文 4－2

石鼓文 4－3

石鼓文 4－4

石鼓文 4 −5

石鼓文 4 −6

石鼓文 4 −7

[68] ：寫。舊釋作“卸”。强運開《石鼓釋文》云：“《説文》：寫，置物也。《方言》：卸，發稅舍車也。”也是表達“卸”的意義。郭沫若《石鼓文研究》中認爲：“蓋寫有流瀉之義，《周禮》‘以澮寫水’是也。下言‘四馬其寫，六轡騖□’，亦言驅馬之奔馳如流水。”

[69] ，麇。《説文解字》十上鹿部：“麇，，鹿屬。”與此石寫法形體相近。

[70] ：其遵有旃。該句中“遵”字已泐，僅可辨識出下部的“止”與“力”等部分。原釋作“原”，字形不盡相合。郭沫若《石鼓文研究》中釋作“遵”，“蓋逋之古文也。意言逋逃之迅速。”“旃”从“申”得聲。前人讀作“紳”。可能是形容獵物衆多，像帶子一樣綿延不斷的意思。嚴可均《鐵橋金石跋》云：“‘旃’即‘陳’字。”

石鼓文 4 −5

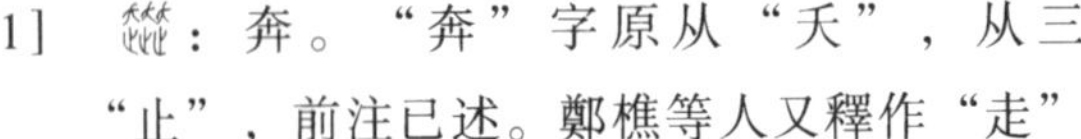

[71] ：奔。“奔”字原从“夭”，从三“止”，前注已述。鄭樵等人又釋作“走”

字。强運開認爲當讀作“赴”,“赴”爲“[illegible]”今字,三走與三兔同義。而諸説中仍以“奔”形體最爲貼近。將“夭”寫成三個,可能也是一種變换寫法以避免雷同的增繁手法。

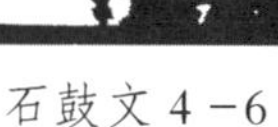
石鼓文 4－6

石鼓文 4－7

[72] [illegible]:執。《説文解字》十下幸部:“執,[illegible],捕罪人也。从丮,从幸,幸亦聲。”甲骨文中即作人雙手着刑具之形,如“[illegible]”(見《殷墟文字甲編》2909)。金文中作“[illegible]”(見《三代吉金文存》卷一七、兮甲盤),戰國文字作“[illegible]”(見《侯馬盟書》67.54),均與此石寫法相近。

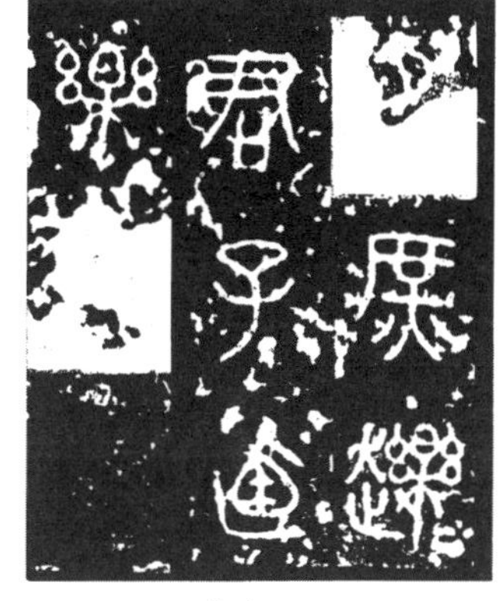
石鼓文 4－8

[73] [illegible]:趮趮,重文。《説文解字》二上走部:“趮,[illegible],動也。”段注云:“篇(《玉篇》)韵(《集韵》)皆云躒同。”這裏可能是形容獵物擁動的樣子。郭沫若認爲是“从獵之衆庶欣欣然喜躍。”

[74] [illegible]:逌。《説文解字》五上乃部:“逌,[illegible],氣行貌。”段注云:“《禹貢》‘陽鳥攸居’、‘豐水攸同’、‘九州攸同’,《漢地理志》攸皆作逌。逌之言于也。……與爰、粤義同。”逌是一個語助詞。金文中已作“[illegible]”(見《三代吉金文存》卷四、毛公鼎)。

4. 戰國 秦 詛楚文

詛楚文是戰國時期秦國向水神祈禱，詛咒楚國的禱文。根據宋代金石學者的記載，當時共有三件內容大致相同的石刻傳世。一件被稱作《巫咸文》，據説是在北宋嘉祐年間於鳳翔(今陝西省鳳翔縣)的開元寺地下出土。宋徽宗時將其收入御府。有蘇軾所作《鳳翔八觀詩》爲證。蘇軾還認爲“秦穆公葬於雍橐泉祈年觀下。今墓在開元寺之東南數十步，則寺豈祈年之故基耶”。實際上《巫咸文》不會早到秦穆公時，而且在秦國應該是被投入水中的。蘇軾所言實屬猜測。在《古文苑》中已記録了《巫咸文》，稱唐人所藏。章樵認爲這説明《巫咸文》爲唐之前出土，以後又湮没在祈年觀下。宋代再度出土。第二件被稱作《大沈厥湫文》，據説是在北宋治平年間被農民發現的。出土地在朝那湫旁。後來被蔡挺帶回南京。第三件被稱作《亞駝文》，當時由洛陽劉忱收藏。

這三件詛文的原石早已佚失，現在可以見到的衹是後代摹刻的拓本。早期著録有宋代歐陽修《集古録》中《秦祀巫咸神文》、元代周伯琦《詛楚文音釋》等。翻刻本有《絳帖》、《汝帖》等。郭沫若斷言：“周伯琦所藏原本的《巫咸文》已經不是原石原拓，而是經過後人的整理，重新摹寫的了。”《大沈厥湫文》同様如此。而《亞駝文》則爲宋人仿刻的僞品。郭沫若已從傳説的出土地及文字書體中的訛誤等處考證了這一點。從近年新發現的侯馬盟書、温縣盟書及秦華山玉版禱文等材料來看，當時這類詛盟文書多用朱砂書寫，傳世拓本爲石刻也不盡合理，可見

爲後人摹刻無疑。

也有一些學者認爲《詛楚文》三種均爲後人僞刻。如元代吾丘衍《學古編》中即稱之爲“後人僞作”。陳煒湛曾在《詛楚文獻疑》中力主《詛楚文》可疑，從文字風格、情理、史實、詞語諸方面指斥《詛楚文》之僞(見《古文字研究》第十四輯)。但其大多論點並無鐵證。由於現在能見到的《詛楚文》均爲翻刻，所以字體不盡似戰國文字，應在情理之中。所以對《詛楚文》是僞作的觀點尚可商榷。

郭沫若在《詛楚文考釋》一書中使用了傳説爲“元至正中吴刊本”的舊拓本，在宋人所刻《絳帖》、《汝帖》等叢帖中也摹刻了《巫咸文》與《大沈厥湫文》。這些刻本之間有一些字形上的差異。容庚《古石刻零拾》中《詛楚文考釋》一文認爲《絳帖》、《汝帖》是經過宋人整理的摹本，“蓋合《巫咸》、《厥湫》兩本之文而成”。

關於詛楚文的年代，有過幾種不同的看法。歐陽修在《集古録》中曾懷疑它是楚頃襄王時的詛文，後來在《真蹟跋尾》中又改正爲楚懷王。由於“熊相”這個名字在歷史文獻中從無記載，衹能根據秦楚交戰的歷史背景來推測，所以盡管這兩種説法都有人讚同，如董逌在《廣川書跋》中持頃襄王説，王厚之持懷王説，但是都無法作爲確鑿的定論。

郭沫若在《詛楚文考釋》中考證了銘文與其反映的歷史，提出該文作於楚懷王十七年(即秦惠文王後元十三年，公元前312年)。這一説法，清代學者王澍也曾提出過。

這幾件銘文的文字内容基本相同，僅所祈祝的神名不同，文字形體也無大差异。並與《春秋左傳》成公十三年晋侯使吕相絶秦書十分相似，可爲參照。現選譯其中之一件《大沈厥湫文》。

【釋文】

有秦[1]嗣王敢[2]用吉玉、宣璧[3]，使其宗祝邵鼛[4]布檄[5]告於丕顯大神厥湫[6]，以底[7]楚王熊相之多罪[8]。昔我先君穆公及楚成王是繆力[9]同心，兩邦若壹[10]，絆以婚姻[11]，袗[12]以齋盟[13]，曰世[14]萬子孫毋相爲不利，親仰[15]大沈厥湫而質焉。今楚王熊相康[16]回無道，淫泆[17]甚亂，宣侈競從[18]，變輸[19]盟約[20]。内之則暴虐[21]不姑，刑戮孕婦[22]，幽約[23]敊職[24]，拘圉[25]其叔父，置諸[26]冥室櫝棺之中；外之則冒改[27]厥心，不畏[28]皇天上帝及大沈厥湫之光烈[29]威神，而兼倍[30]十八世之詛盟，率[31]諸侯之兵以臨[32]加我。欲剗伐[33]我社稷，伐滅[34]我百姓，求蔑廢[35]皇天上帝及大神厥湫之卹祠[36]、圭玉、犧牲[37]。遂[38]取吾邊城新郢及於[39]、長、敊，吾不敢曰可[40]。今又悉興其衆，張矝[41]意怒，飾甲底兵，奮士盛師，以逼吾邊境[42]，將欲復其賊迹[43]。唯是秦邦之羸衆敝賦，輪輸[44]棧輿，禮傻[45]介老，將之以自救也[46]。亦應受皇天上帝及大沈厥湫之幾靈德賜，克劑[47]楚師，且復略我邊城。敢數[48]楚王熊相之倍盟犯詛，著諸石章，以盟大神之威神。

【注釋】

[1] [illegible]：秦。《説文解字》七上禾部："秦，……[illegible]，籀文秦从秝。"這一形體源自甲骨文，如"[illegible]"（見《殷墟文字甲編》571號）。兩周金文和戰國文字中也多作此形，如："[illegible]"（見《三代吉金文存》卷五、史秦鬲）、"[illegible]"（見《三代吉金文存》卷一、厵羌鐘）。

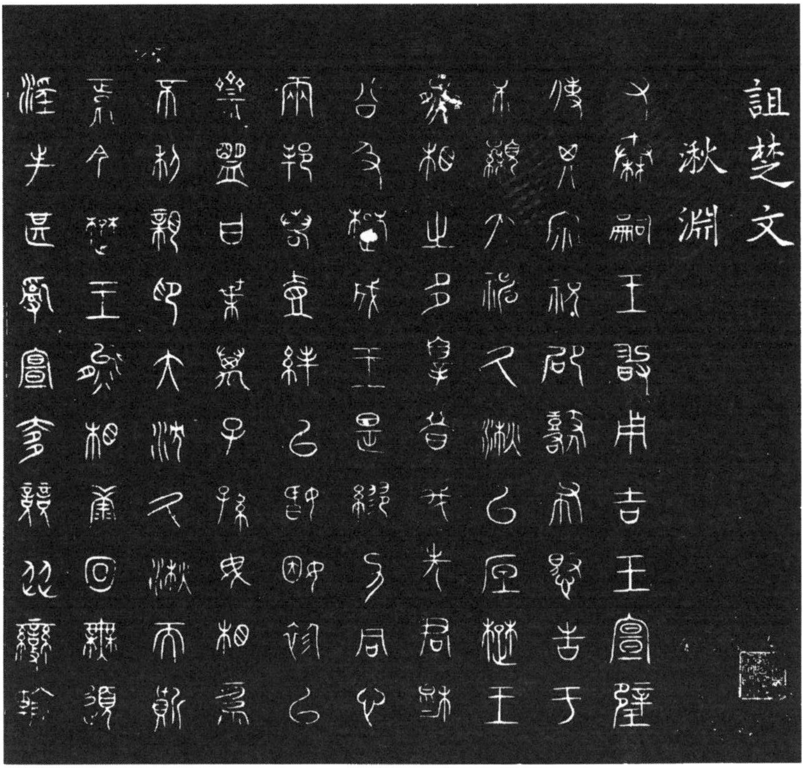

詛楚文 1

[2] ：敢。西周金文中“敢”字作“”（見《三代吉金文存》卷四、盂鼎），又變形作“”（見《三代吉金文存》卷九、頌段），已與此處寫法相近。戰國文字中又作“”（見《侯馬盟書》156 號簡）。

[3] ：宣璧。“宣”爲“瑄”借字。《説文解字》一上王部：“瑄”，璧六寸也。”宣本寫作“”（甲骨文，見《殷墟書契後編》上卷 24.7）。金文中作“”（見《三代吉金文存》卷一七、虢季子白盤）。秦石鼓文中作“”此處字形或爲後人翻刻時省變。

[4] ：邵鼛。秦國宗祝(官名，郭沫若認爲即《周禮》中的“大祝”、“小祝”)，人名。邵，西周金文中作“”(見《三代吉金文存》卷六、井侯𣪕)，戰國文字中亦作“”(見《侯馬盟書》156. 19 號簡)。陳世輝《詛楚文補釋》中認爲“邵”與“詔”通假。鼛是一種大鼓，見《説文解字》五上鼓部：“鼛，，大鼓也。”邵鼛的意思是“詔告擊鼓”，亦可成一説(見《古文字研究》第十二輯)。

[5] ：布憝。憝假借爲“檄”。西周金文中“布”寫作“”(見《三代吉金文存》卷一三、睘卣)。

[6] ：厥湫，即湫淵。“厥”，古文字中均作“(氒)”，如甲骨文作“”(見《殷墟書契菁華》3. 1)，金文作“”(見《三代吉金文存》卷四、曶鼎)。《説文解字》十一上水部：“湫，隘下也。一曰有湫水，在周地。……安定朝那有湫泉。”

[7] ：底。《説文解字》九下廣部：“底，。……从廣、氐聲”此處將“氐”變形。《爾雅・釋言》：“底，致也。”郭沫若認爲底當與祇通，讀作“振”。

[8] ：多罪。《説文解字》十四下辛部：“辠，，犯法也，从辛从自。”“秦以辠似皇字，改爲罪。”河北出土戰國銅器中山王鼎銘文“辠”寫作“”。

[9] ：繆力，即“戮力”。併力之義。《春秋左傳・成公十三年》晋侯使《吕相絶秦文》即作：“戮力同心，申之以盟誓，重之以昏姻。”

[10] ：若壹。“若”在金文中即已有此形體，如“”(見《三代吉金文存》卷四、曶鼎、毛公鼎)。《説文解字》十下壹部：“壹”，小篆作“”。

[11] ：絆以婚姻。郭沫若《詛楚文考釋》釋作“絆”，認爲誤从丰聲。陳世輝《詛楚文補釋》中將“絆”認作“紨的异體

字”，據《説文解字注》十三上系部云：“《急就篇》䋣、繑、絜、䌨。今俗語綫之判合爲幫。”認爲紼、幫一字。紼以婚姻，即助之以婚姻。婚姻，二字均將左右偏旁顛倒。這在古文字中常見。如“妃”字在甲骨文中寫作“”（見《殷墟書契續編》5・34・4），“姑”字在金文中寫作“”（見《三代吉金文存》卷一三、庚嬴卣）。與此相同。

[12] ：袗。《説文解字》八上衣部：“袗，，玄服也。从衣，㐱聲。”郭沫若《詛楚文考釋》云：“袗乃盛服，外衣也。此視《吕相絶秦書》“申之以盟誓，重之以昏姻”較爲藻飾，意即内則以婚姻，結具親誼，外則復重之以盟約。”或疑“袗”與“鎮”通。陳世輝《詛楚文補釋》雲：“袗當讀爲眕。《爾雅・釋言》：‘眕，重也。’”

[13] ：齋盟。《説文解字》一上示部：“齋，。……从示，齊省聲。”戰國時期望山楚簡中“齋”字亦寫作“”，與此近同。又《説文解字》七上囧部：“盟，。……从囧从血。，篆文从朙。，古文从明。”此形體在金文中已出現。如“”（見《三代吉金文存》卷四、師望鼎）。

[14] ：枼，同世。《説文解字》三上𠦃部：“世，，三十年爲一世。”又六上木部：“枼，，楄也，枼薄也。从木世聲。”古代“世”、“葉”相通。《説文解字注》段注云：“毛傳曰：葉，世也。葉與世音義俱相通。”金文中“世”、“葉”並存。如：“”（見《三代吉金文存》卷六、吴方彝），“”（見《三代吉金文存》卷一、齊镈）。

[15] ：卬，與仰同。《説文解字》八上匕部：“卬，。望欲有所庶及也。从匕从卩。《詩》曰：‘高山卬止。’”此石上“卬”字从爪从卩，與“印”字形體相同。金文中有作此形者，如《三代吉金文存》卷四、毛公鼎中即作“”。

[16] 康：康。《説文解字》七上禾部：“穅，……康，穅或省。”而“康”字早在甲骨文中即已出現，如“康”(見《戰後京津新獲甲骨集》5052)，金文中作：“康”(見《三代吉金文存》卷四、毛公鼎)等。戰國璽印文字與石鼓文亦同。此處寫法與甲骨文寫法相同。郭沫若《詛楚文考釋》中稱：“康回猶言虛僞。”查古代或有稱共工爲康回者，見《楚辭・天問》：“康回馮怒，地何故以東南傾。”注雲：“康回，共工名也。”康有“大”義，“空”義。回有“邪僻”義，如《詩經・小雅・鼓鐘》：“淑人君子，其德不回。”故“康回”應爲大惡大逆之義，共工争帝并怒觸不周山，在古代傳説中一直被視爲叛逆，以“康回”名之，當从此義。這裏稱楚王“康回無道”應該也是罪惡凶逆無道的意思。

[17] 淫失：淫失。後一字隸定作“𡴂”，原多釋“失”，讀作“佚”。郭沫若《詛楚文考釋》中認爲：“乃从止，夸省聲之字，蓋夸之異文，亦即跨之古字。夸從大象形，象兩脚作大步，𡴂從止象意，止在古爲脚之象形文。𡴂即爲夸之異，在此當讀爲誇。‘淫誇甚亂’意正相適。”他還援引《石鼓文》中《𣏟𣢾》一石上“趍趍馬，射之𡴂=”的“𡴂”字與“馬、虎”等同韵，指出“𡴂”屬古魚部字。爲讀作“夸”提供了一個音韵上的例證。但於形、義上尚不够圓通。陳世輝《詛楚文補釋》一文中則認爲：𡴂就是“𡴂”字。“𡴂”與“苛”字古時通用。將此詞讀作“淫苛”。以上二説均可供參考。本文暫依舊説，仍釋爲“泆”。除字形相近外，釋作“淫泆”於文義最爲通順。《尚書・酒誥》：“誕惟厥縱淫泆於非彝。”是古有此一詞語之證。《春秋左傳・隱公三年》“驕奢淫泆”疏云：“淫，謂嗜欲過度；泆，謂放恣無藝。”泆又寫作佚、逸，此寫作“失”。

[18] 從：從。《説文解字》八上从部：“从，从，相聽也。从二人。凡从之屬皆从从。”又：“從，從，隨行也。”古文字中原作

“从”，如甲骨文“”(見《鐵雲藏龜》109.2)，後添加“辵”旁，如金文“”(見《愙齋集古録》卷九。戰國文字中或簡省从“止”，如“”(見《侯馬盟書》156.1)。此處又將“止”重出。郭沫若《詛楚文考釋》中稱：“從讀爲縱。”

[19] ：變輸。《説文解字》三下攴部：“變，，更也。从攴，䜌聲。”輸，郭沫若《詛楚文考釋》云：“輸舊多讀爲渝，案無須破字，《小雅・正月》‘載輸爾載。’鄭玄云：‘墮也。’即此輸字義。”古音“輸”、“渝”同部，可互爲通假。“渝”有“變”義。如《春秋左傳》桓公元年“渝盟無享國”。“變輸”應爲一

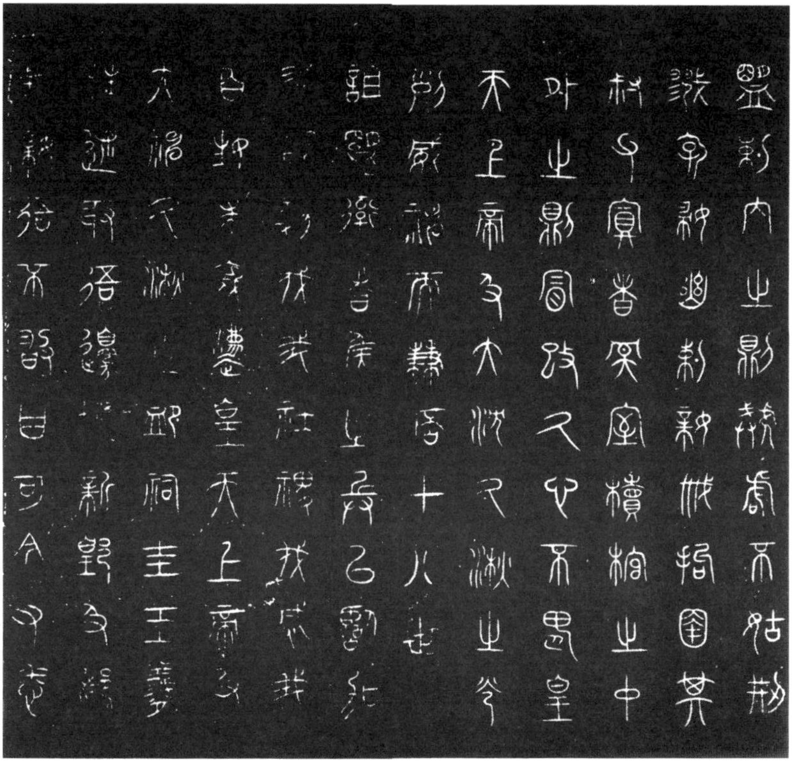

詛楚文2

雙字叠義詞語，釋作“渝”更爲適當。

[20] ：即盟約。“”，郭沫若《詛楚文考釋》云：“約，當是古約字。从朿勺聲。舊多不識而任意改變字形，不其論。衹此字亦見《毛公鼎》。”容庚《古石刻零拾》中《詛楚文考釋》一文釋作“盟制”。

[21] ：虣虐，即暴虐。郭沫若《詛楚文考釋》云：“虣即‘暴虎凭河’之暴。字不从戒。實象兩手持戈以搏虎。《周禮》古文作虣从武，殆系訛誤。宣王時器《𣪕盨銘》暴虐字作虣，則从戊。”《考古圖》卷三收𣪕盨拓本，作“”。在甲骨文中亦有从“戊”从“虎”之字，作“”（見《殷墟文字乙編》26.61）。

[22] ：孕婦。《說文解字》十四上子部：“孕，。懷子也，从子从幾。”實際上古文字原作人懷子形，如甲骨文“”（見《殷契佚存》586）。从“幾”爲後人誤解。婦字左右兩旁互换，爲古文字中常見，前文已述。

[23] ：幽約。郭沫若《詛楚文考釋》云：“幽約猶幽縊，言暗中縊殺。”約讀作約，前文已引證。

[24] ：敍馘。郭沫若《詛楚文考釋》云：“敍當是地名。下文‘遂取吾邊城新郢及邩、長、敍’可證。”《說文解字》十二上耳部：“聝，，軍戰斷耳也。《春秋傳》曰：‘以爲俘聝。’从耳，或聲。，聝或从首。”金文中聝字作“”（見《三代吉金文存》卷四、小盂鼎），又省作“”（見《三代吉金文存》卷一七、虢季子白盤）。與此石寫法近同。容庚則釋作“親戚”。亦通。

[25] ：拘圉。《說文解字》十下幸部：“圉，，囹圄，所以拘罪人也。从㚔从囗。”此石翻刻中有脱筆。

[26] ：置諸。陳世輝《詛楚文補釋》云：“寘，舊釋寘，當讀爲屢。”《說文解字》八上尸部：“屢，，偫也。”段注云：“儲

偫也。”即儲放之義。但“宀”與“尸”相通換之例尚不多見。頗疑仍以釋“寘”(即置)爲是。置,《説文解字》七下网部云:“置,[illegible],赦也。从网、直。”置或从宀。《古文四聲韵》卷四至部:“置;[illegible],天臺經幢。[illegible],雲臺碑。”此石寫法亦从宀,“直”變形似“真”。《説文解字》七下宀部新附字“寘,置也。”[illegible],者字,可見西周兮甲盤銘文,作“[illegible]”(見《三代吉金文存》卷一七)。古文字中常借作“諸”,爲“之於”合聲。

[27] [illegible]:冒改。《説文解字》七下曰部:“冒,[illegible]。”字形與此相同。“冒”有輕率、冒失義。如《尚書·顧命》:“爾無以釗冒貢於非幾。”《説文解字》三下攴部:“改,[illegible],更也。从攴、己。”又《説文解字》十四下巳部:“巳,[illegible]……爲蛇象形。”實際上巳本應作“[illegible]”(見《殷墟書契前編》7.9.2),金文中省形作“[illegible]”(見《三代吉金文存》卷四,毛公鼎)後變形作“[illegible]”。“改”字原亦从“巳”。如“[illegible]”(見《三代吉金文存》卷一〇、改盨),《侯馬盟書》中亦作“[illegible]”。

[28] [illegible]:畏。《説文解字》九上甶部:“畏,[illegible]。……从甶、虎省。鬼頭而虎爪可畏也。[illegible],古文省。”而古文字中“畏”均从“鬼”从“卜”,如甲骨文:“[illegible]”(見《殷墟文字乙編》669),金文:“[illegible]”(見《三代吉金文存》卷四、盂鼎)。《説文解字》,所釋字形有誤。

[29] [illegible]:光列,即“光烈”。《説文解字》十上火部:“光,[illegible],明也。从火在人上,光明意也。”甲骨文“光”字作“[illegible]”(見《戰後寧滬新獲甲骨集》3.40),金文中作“[illegible]”(見《三代吉金文存》卷六、矢方彝)、“[illegible]”(見《三代吉金文存》卷四、毛公鼎),即此石寫法之前身。《説文解字》四下刀部:“列,[illegible]。”正與此石寫法相同。

[30] ：倍。此處假借作“背”。較《説文解字》八上人部“倍”字小篆少一筆。

[31] ：衛，即今率字。《説文解字》二下行部：“衛，。將衛也。从行率聲。”又十三上率部：“率，。捕鳥畢也。”後以“率”代替“衛”字義。古文字中原作“”(見《殷墟文字甲編》308)，後改从“行”，如“”(見《三代吉金文存》卷四、毛公鼎)。

[32] ：臨。《説文解字》八上臥部：“臨，。”金文中即如此寫法，如“”(見《三代吉金文存》卷四、盂鼎)。

[33] ：刻伐。刻有鏟除、消滅義，見《戰國策·齊策一》：“刻而類。”《玉篇》云：“削也。”

[34] ：滅。《説文解字》十一上水部：“滅，，盡也，从水，威聲。”此處省“水”旁。

[35] ：蔑法(廢)。《説文解字》四上苜部：“蔑，。”此石寫法有省筆，或爲翻刻致誤。又《説文解字》十上廌部：“灋，。……，今文省。”即後來通用之法字。古代“灋”與“廢”通。如秦封泥中“廢丘”寫作“灋丘”。

[36] ：“卹祠”，讀作“血食”。指殺牲用血祭祀。《説文解字》五上血部：“卹，，憂也。从血、卩聲。”《春秋左傳·莊公六年》：“若不從三臣，抑社稷實不血食，而君焉取餘。”陳世輝《詛楚文補釋》引于省吾説認爲是“卹祀”，即虔誠的祭祀。

[37] ：羲牲，即“犧牲”。《説文解字》五上兮部：“羲，，氣也。从兮，義聲。”又二上牛部：“犧，，宗廟之牲也，从牛羲聲。賈侍中説，此非古字。”段玉裁《説文解字注》云：“蓋本祇假羲爲之。漢人乃加牛旁。故賈云非古字。”牲字誤衍一畫。

[38] ：述，讀作“遂”。“述”字金文中寫作“”(見《三代吉

金文存》卷四、盂鼎)及“述”(見河北平山出土戰國中山王方壺)。《説文解字》二下辵部：“述，述，循也。从辵術聲。𨗈，籒文从秫。”而《説文解字》二下辵部“遂”字古文作“遂”。當源於戰國文字“遂”寫法“遂”(見《侯馬盟書》)。上引“述”、“遂”二字在戰國文字中的寫法形體近似，因而混淆。或爲後人翻刻時誤。

[39] 於：於，秦國邑名。郭沫若《詛楚文考釋》云：“於當即商於之於。《史記·楚世家》‘商於之地。’集解云：‘在今順陽郡南鄉、丹水二縣。有商城在於中，故謂之商於。’《通典》云：‘今内鄉縣有於村，亦曰於中，即古商於地。’”《説文解字》四上烏部：“烏，……𦾓，古文烏象形。於，象古文烏省。”古文字中地名多在該字旁添加“邑”旁。

[40] 可：可，讀作“何”。郭沫若《詛楚文考釋》云：“即不敢奈何也。《石鼓文》‘其魚惟可’，何字正作可。”

[41] 張矜：張矜。《説文解字》十二下弓部：“張，張……从弓、長聲。”“張”，古文字中均从弓、从長。此處當誤將“長”字下部改作“口”。《説文解字》十四上矛部：“矜，矜，矛柄也。从矛，今聲。”段玉裁《説文解字注》云：“各本篆作矜，解云今聲。今依漢石經《論語》、溧水校官碑、魏受禪表皆作矜正之。《毛詩》與天、臻、民、旬、填等字韵，讀如鄰。古音也。……今音之大變於古也。矛柄之字改而爲穫，云：古作矜。他義字亦皆作矜，从今聲。又古今字形之大變也。”此石寫作“矜”，从矛、令聲。正可證明《説文解字》所記載的已是訛變之後的字體。“張矜”是舉起武器的意思。

[42] 邊競：邊競，即邊境。《説文解字》二下辵部：“邊，邊，行垂崖也。”所引小篆字形已有訛變。金文中“邊”寫作“邊”(見《三代吉金文存》卷四、盂鼎)或“邊”(見《三代吉金文存》卷一

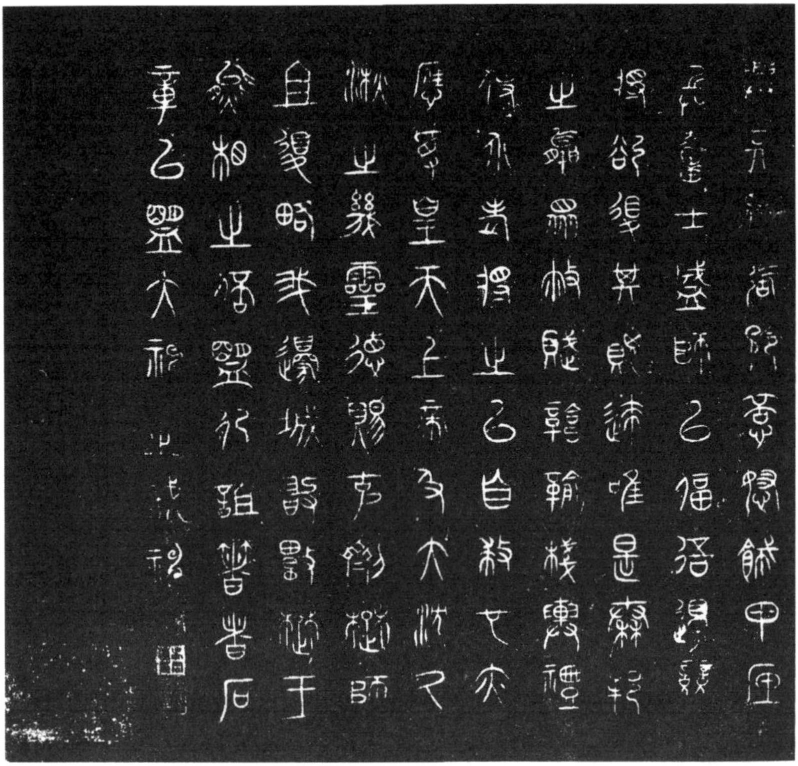

詛楚文 3

七、散盤)。下从“方”。此石寫法亦近同，稍有變化。《説文解字》三上誩部:“競，[illegible]，强語也。一曰逐也。”此石中假借作“境”。

[43] [illegible][illegible]，䝟迹。䝟，郭沫若《詛楚文考釋》云：“殆凶賊之兇之本字，从貝,與賊字从貝同意。……兇若凶,均胸若匈之初文。凶實胸部之象形。”迹,三石均寫作“[illegible]”,《説文解字》二下辵部：“迹,……[illegible]，籀文迹，从朿。”金文中即作此形，如“[illegible]”（見《三代吉金文存》卷九、師寰𣪘)。字形與此“[illegible]”相近。此處讀作“凶迹”可通。郭氏讀作“逨”，讀爲求。“‘兇求’者言欲求得商於

之地。”“逑”字在戰國璽印中寫作“”。(見《陳簠齋手拓古印集》”)或可訛變作“”。郭説從形體上可通,但缺乏語例。

[44]　：鞈輸。郭沫若《詛楚文考釋》云：“案此即所謂鞅沙或鞈鞦。《説文》：‘鞮，革履也。胡人履連脛謂之‘絡鞮’(絡原爲絡。作者按：今本均作絡。)又云：‘鞅，鞮，鞅沙也。’《廣韵》作鞈鞦，云：‘鞈鞦、鞢韄、靸屐也。’屐或作韡(今作靴)。《玉篇》作鞈沙，鞈字注云：‘鞈沙，履也。’《急就篇》作‘靸鞮’與‘印角、褐韤巾’等連文。是知絡鞮、鞅鞮、鞦沙、鞈鞦、靸屐、靸鞮實爲一事。其語源未明，唯韄鞢一名，蓋即希臘語 Sandal 之對譯爲無疑。《詛文》之“鞈輸”，鞈字从革畣聲。畣乃古答字(見《集韵》)。是鞈爲絡之異，與絡、鞅、鞈、靸等音相近。輸从革俞聲，當讀如輸。俞字古讀如朱，《山海經》離朱每作離俞即其證。後失其發聲，乃讀如餘。答輸之音與鞅沙、鞈鞦等正自相合。”該説雖徵引多詞，作聲音假借之解，但仍覺扞格難通。且此處文句中提及靴鞋，與義難解。在秦始皇陵出土兵馬俑中也很難見到穿絡鞮的，而多穿履。陳世輝《詛楚文補釋》稱：鞈，隸定爲轄，即《説文解字》中之“鞈”。《管子》注曰：“鞈革，重革。當心著之，可以御矢。”又稱：“輸是褕的異體字。”將鞈輸解釋成縫上鞈革的襜褕，則較上説爲勝。又《集韵》云輸爲“刀鞑”，即刀鞘。由此將鞈輸解爲革制刀鞘亦通。

[45]　：傁。即“叟”字。《方言》云：“傻(傁)艾，長老也。東齊魯衛之間，凡尊老謂之傻。或謂之艾。”容庚釋作“使”。

[46]　：殹，與也同。《説文解字》三下殳部：“殹，，擊中聲也。”段注：“此字本義亦未見。”秦國文物中均以“殹”代“也”。如《石鼓文》、秦權詔版等。

[47]　：克劑。《説文解字》七上克部：“克，。……，古文

克。”這裏的寫法亦見於甲骨、金文，如：“𠅘”（見《殷墟文字乙編》8892），“𠅘”（見《三代吉金文存》卷四、克鼎）。《説文解字》四下刀部：“劑，𠛤。齊也。”郭沫若《詛楚文考釋》云：“劑與翦同義。《爾雅·釋言》：‘劑，翦，齊也。’”克有制勝義，見《春秋左傳·莊公十年》：“彼竭我盈，故克之。”

[48] 𢿦：數。《説文解字》三下攴部：“數，𢿦，計也。”此石中有所省筆及變形，如將“女”寫成“中”，當爲摹刻時誤筆。

5. 秦　嶧山刻石

嶧山刻石，系秦代統一中國後，秦始皇巡遊天下，在所到之處刊立的諸多刻石之一。據《史記・秦始皇本紀》記載：始皇二十八年(公元前 219 年)，秦始皇出巡東方，登嶧山(在今山東省嶧縣境内)，立嶧山刻石，後又上泰山，立泰山刻石，至琅琊(今山東膠南縣内)，立琅琊臺刻石，……其内容均系歌頌秦始皇統一功德的長篇韵文。傳爲秦丞相李斯所書，後來秦二世又在諸刻石上附刻了題記。

秦始皇所立刻石，據《史記・秦始皇本紀》記載，有嶧山、泰山、之罘、東觀、琅琊、碣石、會稽等處，除嶧山刻石之外，其餘六件刻石的銘文均在《史記》中有所記載。這些刻石的原石絶大部分已毁壞佚失，現在僅存泰山刻石中秦二世題記十字及琅琊臺刻石的部分碎塊，藏於中國歷史博物館等處。

嶧山刻石早在唐代即被野火所焚，後來依靠摹本傳世。宋代文人鄭文寶利用著名古文字學家徐鉉所藏摹本刊刻上石，曾有多種翻刻本。但因不了解原石形狀，制成碑形。如現存西安碑林博物館的鄭文寶重刻本，圓首方座，通高 218 厘米，寬 84 厘米，兩面刻文。書體爲小篆，但筆畫粗細劃一，字體大小一致，顯得板滯失真，與秦代小篆書寫風格不盡相似。但是文字結構無异，仍可爲辨識秦篆作一佐證。

【釋文】

皇帝立國，維初在昔[1]，嗣世稱王，討伐亂逆[2]，威動[3]

嶧山刻石(背)　　　　嶧山刻石(正)

四極，武義直方。戎臣奉詔，經時不久，滅[4]六暴[5]强。廿有六年，上薦高號，孝道顯明，既獻泰[6]成，乃降尃[7]惠，寴[8]軵[9]遠方，登於繹山[10]，群臣從者，咸思攸長。追念亂世，分土建邦，以開爭理，功戰[11]日作，流血於野[12]，自泰古始，世無萬數，陀[13]及五帝，莫能禁止。迺今皇帝，壹家天下，兵不復起，𤈦[14]害滅除，黔首[15]康定，利澤長久。群臣誦(注：以下碑陰)略，刻此樂石，以著經紀。

皇帝曰[16]：金石刻盡始皇帝所爲也。今襲號而金石刻辭不稱始皇帝。其於久遠也，如後嗣爲之者，不稱成功盛德。丞相臣斯、臣去疾，御史大夫臣德[17]昧死言：臣請具

刻詔書金石刻。因明白矣。臣昧死請。制曰：可。

【注釋】

[1] 扗𦻏：在昔。《説文解字》十三下土部：“在，扗，存也，从土才聲。”又《説文解字》七上日部：“昔，昔。”

[2] 屰：逆。《説文解字》二下㣔部：“逆，屰。”與此筆畫略有差異。

[3] 勭：動。《説文解字》十三下力部：“動，動，作也，从力重聲。”此作从童从力。重、童二字形近聲通，故可互换。《汗簡》中之一載：“勭，動，出裴光遠集綴。”即从童从力。

[4] 㓕：滅。从水。《説文解字》十一上水部：“滅，滅。盡也。从水烕聲。”

[5] 㬥：暴。《説文解字》七上日部：“暴，㬥，晞也。从日从出从収从米。”此處下部“米”形訛作“本”。

[6] 泰：泰，與“大”相通。

[7] 尃：専。與“敷”相通，分佈意。見《史記・司馬相如傳》“雲専霧散”。古文字，“尃”多寫作“尃”，見《石鼓文》注。

[8] 窺：窺。《説文解字》七下宀部：“窺、窺，至也。从宀親聲。”此處以窺借作親。

[9] 軕：軕。《説文解字》十四上車部：“軕、軕，車約軕也。从車川聲。《周禮》曰：‘孤乘夏軕。’一曰下棺車曰軕。”畢沅《關中金石記》云：“親巡作窺軕。《説文》又曰：窺，至也。軕，車約軕。亦古字通也。”段玉裁《説文解字注》十四上車部云：“軕之言巡也，巡繞之詞。此許之周禮説也。”

[10] 繹山：繹山，今作嶧山。

[11] 功戰：功戰，即“攻戰”。功假借作“攻”。

[12] 壄：即“野”。《説文解字》十三下里部：“野，野。”此處寫

法將“裹”字拆分，將“土”移至“予”下。

[13] ：陀，借作“他”。古文字中“它”、“也”形近互作。

[14] ：熘，當即“灾”字。《説文解字》十上火部：“烖，，天火曰烖。……，籀文从巛。”又《説文解字》一下艸部：“菑，，不耕田也。……，菑或省艸。”此處爲从火从甾的“灾”字。“才”、“甾”音通。

[15] ：黔首。指秦代平民，因以黑巾裹頭而得名。

[16] 由“皇帝曰”以下文字應爲秦二世時續刻題記。據現存泰山刻石文字可見秦二世題記字體稍不規則，與秦始皇刻辭不同。重刻時不察，誤與上文聯刻。

[17] 丞相臣斯、臣去疾、御史大夫臣德：即李斯、馮去疾，御史大夫臣德姓氏文獻失載。

6. 東漢　袁安碑

這是一件現存的刻寫較早的小篆書體漢碑。根據碑文所記袁安的葬年，該碑應該刻寫於東漢永元四年(公元 92 年)閏月(閏三月)庚午(二日)。

據褚德彝《松窗金石文跋》記載：偃師鄉中有牛王廟，廟中有石供桌，向下一面即此碑。《偃師縣志》載："萬歷二十六年三月掘得，改爲石供桌。陳於偃師南卅里辛村牛王廟。"後一度亡佚。容庚《古石刻零拾》中《漢袁安碑考釋》一文載"民國十九年(1930 年)河南偃師縣出土。"至 1961 年 8 月又在偃師縣緱氏區扒頭公社院内重新發現，現藏河南博物院。

袁安爲東漢名臣，官至司徒。此碑記録了袁安一生的仕歷，文字簡練，與《後漢書·袁安傳》中的記載相同。書體爲標準的小篆，筆劃勻稱圓潤，結體端正，並且在全文中爲了避免同一字的形體重複而改變字形，表現出當時的審美要求，具有很高的書法價值。

【釋文】

司徒公汝南汝陽[1]袁安召公[2]。授易孟氏[3]□。永[4]平三年[5]二月庚[6]午，以[7]孝廉除郎中。四□十一月庚午，除給事謁者[8]。五年正月[9]乙□，遷東海陰平長[10]。十年二月辛巳[11]，遷東平□城令。十三年十二月丙辰，拜[12]楚郡□守。十七年八月庚申[13]，徵拜河南尹。□初八年六[14]月丙申，拜太僕[15]，元和三年五□丙子拜司空。四年六月己卯，拜司徒。

孝和皇帝加元服[16]，詔公爲[17]賓。永元四年□月癸丑薨[18]。閏月庚午葬[19]。

袁安碑刻

【注釋】

[1] 女陽：汝陽。女即“女”，此假借作“汝”。形見《說文解字》十二下女部：“女，女。婦人也，象形。”又《說文解字》十四下自部：“陽，陽。……从自，易聲。”這裏寫法有缺筆，易誤作易。汝陽，《後漢書·郡國志二》：“汝南郡，……汝陽。”地在今河南省周口市以西。

[2] 召公：召公，《後漢書·袁安傳》：“袁安字邵公，汝南汝陽人也。”此處應爲袁安字“邵公”。“召”與“邵”通。

[3] 氒：原碑石有殘泐，此字下部不清，當有一横，應釋作氒(厥)。《說文解字》十二下氏部：“氒，氒。木本，从氏。大於末，讀若厥。”這裏據文義似應讀作“氏”，“授易孟氒□”當讀作“授易孟氏學。”《後漢書·袁安傳》云：“袁安……祖父良，習孟氏易。”據此看來，“授”應爲“受”。

[4] 永：永。《說文解字》十一下永部：“永，永。”其字形象水流。這裏寫法與《說文解字》小篆相同。

[5]　：年。《説文解字》七上禾部："年，。谷熟也，从禾，千聲。"原字形从人从禾，爲人執禾形。如甲骨文""（見《殷契佚存》54號）。後變形成从千，實際上是春秋戰國時文字上添加裝飾性衍畫的風氣所造成。這裏寫法上又略有變化。

[6]　：庚。《説文解字》十四下庚部："庚，。"庚字原作""（甲骨文，見《殷墟書契前編》7・2・3）。後在金文中形變，下部近似於雙手，如""（見《三代吉金文存》卷九録伯毁）。小篆由此而訛。這裏的寫法更將""變成""。

[7]　：以。《説文解字》十四下巳部："以，，用也"。這裏添加人旁。

[8]　：給事謁者。《後漢書・百官志二》："謁者僕射一人，比千石。本注曰：爲謁者臺率，主謁者，天子出，奉引。……謁者三十人。其給事謁者,四百石。其灌謁者郎中,比三百石。……初爲灌謁者，滿歲爲給事謁者。""給事"二字寫法與《説文解字》所收小篆相同，謁，《説文解字》三上言部："謁，。"這裏的寫法有所省筆。"者"，《説文解字》四上白部："者，。"這裏寫法基本相同，略加飾筆。

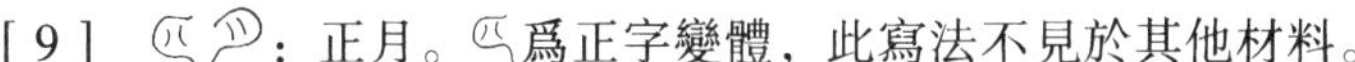

[9]　：正月。爲正字變體，此寫法不見於其他材料。

[10]　：陰平長。陰平縣長。《後漢書・郡國志三》："東海郡，……陰平。"陰平地在今山東省棗莊市以南。《後漢書・百官志五》："每縣、邑、道，大者置令一人，千石；其次置長，四百石；小者置長，三百石。"《説文解字》十四下𨸏部："陰，。"這裏的寫法中有一衍畫。又《説文解字》九下長部："長，。久遠也，从兀，从匕，……亡聲。者倒亡也。"這裏的寫法將"匕"變形作"止"。

[11]　：巳。《説文解字》十四下巳部："巳，。"

[12]　：拜。見《説文解字》十二下手部："拜，。首至地也。从

手、桒。……拜，揚雄説拜从兩手下。”實際上“”、“”二形均應從該字的古文字寫法“”訛變而來。如金文中“拜”作“”(見《三代吉金文存》卷六、井侯毁)、“”(見《三代吉金文存》卷九、師𧽊毁)。

[13] ：庚申。這裏“庚”的寫法比前面一處多加一短横。可能爲裝飾性的衍畫。《説文解字》十四下申部：“申，。……，篆文申。”申在古文字中原作閃電形。如：“”(甲骨文，見《殷墟書契前編》7.35.1)，“”(金文，見《三代吉金文存》卷十、杜伯盨)。戰國文字中變形从“”，如“”(《續齊魯古印攈》)。

[14] ：六。這裏的寫法做了美化裝飾。前面年號中缺字應該是“建”。

[15] ：太僕。《後漢書·百官志二》：“太僕，卿一人，中二千石。本注曰：掌車馬。”太僕爲中央官署名，太僕卿爲其長官。這裏是指被任命爲太僕卿。，本爲“大”字，這裏假借作“太”。古代“大”、“太”二字常通用。《説文解字》三上菐部：“僕，。”這裏的寫法稍有變化。

[16] ：服。《説文解字》八下舟部：“服，。用也。……从舟，𠬝聲。”原从“舟”，隸書後變爲从“月”。這裏寫法比《説文解字》所引小篆少一横畫。元服指冠，這裏代表行“冠禮”。

[17] ：爲。《説文解字》三下爪部：“爲，。母猴也，其爲禽好爪。爪母猴象也，下腹爲母猴形。”其對於字形的解釋當屬望文生義。據甲骨文字形可知原造字時爲“从爪从象。”如“”(見《殷墟書契前編》5.30.4)。這裏的寫法系在《説文解字》小篆基礎上將筆畫有所減省。

[18] ：疑爲“薨”省形。《説文解字》四下歺部：“薨，，死人裏也。从死，蒿省聲。”此處當作“薨”使用。可能書者誤字。

《説文解字》四下歺部："薨，𦺞。公侯卒也，从死，瞢省聲。"袁安位至三公，故可稱薨。至唐代仍規定三品以上官員去世稱薨（見《新唐書·百官志》）。

[19] 䒷：葬。《説文解字》："葬，䒷。藏也，从死在茻中，一其中，所以薦之。"這裏寫法上有所變化，上面的"艸"變作"竹"。

7. 東漢　祀三公山碑

原碑刊立於東漢中期，據銘文中所載爲□初四年常山相馮君到官後所刊刻。翁方綱《兩漢金石記》中指出：“碑首初字之上隱隱尚露其半，諦視是元字。馮君到官承蝗旱之後，乃是安帝改元元初四年丁巳之歲。”

碑石原在元氏(今河北省元氏縣)。元代迺賢《河朔訪古記》載：“三公神廟在元氏縣西北三十里封龍山下。……廟有漢三公山碑一通。”後佚失。清代乾隆三十九年(公元1774年)被元氏縣令王治岐重新發現，存放於文清書院，以後劉寶楠將它移至元氏縣學署，現藏於封龍山漢碑亭。

祀三公山碑文

這件碑文是漢代碑石中較少見的篆書碑。翁方綱認爲它“雖是篆書，乃是由篆入隸之漸，減篆之縈折，爲隸之逕直”(見《兩漢金石記》)。楊守敬《平碑記》中則稱讚它：“非篆非隸，蓋兼兩體而爲之。至其純古遒厚，更不待言。”

清代書法家中有人喜歡臨摹此碑，認爲它字形方正樸拙，别具情趣，富於金石味。細觀其文字形體，與東漢《説文解字》所附小篆結體近同，反映了當時流行的篆書風格。

碑石爲長方形，右上角略有殘缺。高 170 厘米、寬 70 厘米。由於年代久遠，文字嚴重風化，模糊不清。現有清代拓本可參看。

【釋文】

□初四年[1]，常山相[2]隴西[3]馮[4]君到官。承饑衰之後[5]。□惟三公御語山[6]，三條[7]别神[8]。迥在領西[9]，吏民禱祀。興雲[10]膚寸[11]，遍雨[12]四維。遭離[13]羌寇，蝗旱鬲并[14]，民流道荒。醮祠希罕[15]，□奠不行。由是之來，和氣不臻[16]。乃求道要[17]，本祖其[18]原。以三公德廣[19]，其[20]靈尤神，處幽道[21]艱，存之者難[22]。卜擇吉土[23]治，東就衡山[24]。起堂立壇，雙闕夾門。薦牲[25]納禮，以寧其神。神熹其位，甘雨屢降，報如景響[26]。國界大豐，谷斗三錢[27]。民無疾苦，永保其年。長史[28]魯國顔□、五官椽閻祐、户曹史紀受、將作掾王笧[29]、元氏令茅[30]厓、丞吴音、廷掾郭洪、户曹史翟福、工宋高等刊石紀焉。

【注釋】

[1] ⊠[illegible]：四年。“四”，篆文應作“[illegible]”，見《説文解字》十四下四部。這件碑石上均寫作“⊠”。《説文解字》七上禾部：“年，[illegible]。”這裏形體稍有變化。

[2] [illegible]：常山相。《後漢書・郡國志二》：“常山國。高帝置。

建武十三年省真定國，以其縣屬。”地在今河北省元氏。又《後漢書·百官志五》：“皇子封王，其郡爲國，每置傅一人，相一人，皆二千石。”《説文解字》九下山部：“山，山。”這裏的寫法在山字中添加了裝飾性衍筆。

[3] 隴西：隴西。指今甘肅、寧夏一帶。《説文解字》十二上西部：“西，西。”與此近同。

[4] 馮：馮。《説文解字》十上馬部：“馮，馮。”這裏將“冫”旁篆文簡化，馬形作隸書體。

[5] 承饑衰之後：承饑衰之後。《説文解字》五下食部：“饑，饑。”這裏的寫法略有簡省變化。《説文解字》八上衣部：“衰，衰。……从衣象形。”這裏寫法將垂草形狀簡化成横畫，與隸書相同。“之”“後”的寫法與《説文解字》小篆寫法相同。

[6] 御語山：御語山。《説文解字》二下彳部：“御，御。”這裏“御”字中間已模糊不清。但仍可看出與《説文解字》小篆基本相同。三公御語山爲三公山之全稱。

[7] 三條：三條。山名。指北條、中條與南條三座山脉。三公山延及恒山均爲北條山脉。《説文解字》六上木部：“條，條。……从木攸聲。”這裏寫法改从“彳”。

[8] 神：神。《説文解字》一上示部：“神，神。……从示申。”這裏寫法近似隸書，示旁有省筆。

[9] 領西：領西。指常山國轄地西邊。或曰領與嶺通。

[10] 興雲：興雲。“興”字已有漫漶，上从“宀”。《説文解字》三上舁部：“興，興。……从舁，从同。”此字中央不清，但不似“同”。寫法有訛變。

[11] 膚寸：膚寸。《春秋公羊傳·僖公三十一年》“觸石而出，膚寸而合，不崇朝而遍雨乎天下者，唯泰山爾。”注云：“側手爲膚，案指爲寸。”指很短的距離。

[12]　徧雨：遍雨。碑石作“徧”，《説文解字》二下彳部：“徧，徧。帀(匝)也。”與“遍”相同。

[13]　遭離：遭離。“離”本身有遭逢之意，如《詩經·王風·兔爰》:“雉離於羅。”或爲“罹”之借字。即遭遇、蒙受的意思。

[14]　蝗旱鬲并：蝗旱鬲并，即“蝗旱隔并。”《金石萃編》卷五祀三公山碑譯作“蝗旱鬲我”。誤。“隔并”爲漢代時特見的詞語。如《後漢書·陳忠傳》云：“故天心未見，隔并屢臻。”注云：“隔并謂水旱不節也。”此碑中意爲蝗災、旱災不斷降臨。

[15]　希罕：希罕。文字略有變形。

[16]　不臻：不臻。《説文解字》十二上至部：“臻，臻。至也。从至，秦聲。”

[17]　道要：《金石萃編》卷六祀三公山碑釋作“道叟”。但是字形不符。叟，《説文解字》三下又部：“叟，叜。老也，从又从灾闕。”《汗簡》等古文字字書中均與此相同。此應釋作“道要”。《説文解字》三上臼部：“要，要。”《古文四聲韵》卷二、下平聲宵部：“要，……要，要，并籀韵。”段玉裁《説文解字》三篇上則將“要”改作“要”。按云：“各本篆作要……淺人所妄改也。今依《玉篇》、《九經字樣》訂。顧氏、唐氏所據《説文》未誤也。”“要”爲“要”篆書原形。此碑又增一例證。

[18]　其：其。《説文解字》五上竹部：“箕，……𠀠，古文箕省。其，亦古文。”“箕”與“其”古代爲同一字。這裏的寫法與《説文解字》附古文其相近。

[19]　以三公德廣：以三公德廣。《説文解字》十四下巳部：“以，㠯，用也。”現可見到戰國璽印文字中已有添加“人”旁的“以”字。如《待時軒印存》中所見“以”，與此寫法相同。“德”字在古文字中或省去“彳”，如金文中作：“悳”(戰國令狐君壺，見《三代吉金文存》卷十二)，戰國文字中作“悳”(見《河南信

陽長臺關戰國楚墓出土竹簡》)。

[20] ：其。甲骨文中“其”作“”，爲畚箕象形。後金文中添加“兀”形，如“”（見《三代吉金文存》卷一七號季子白盤），這裏的寫法將“”與“丌”併爲一體，省寫一横。

[21] ：道。《説文解字》二下辵部：“道，。……从辵从首。”這裏誤將“首”上部寫作艸。

[22] ：存之者難。《説文解字》十四下子部：“存，。……从子才聲。”這裏省筆，將才誤作“ナ”。《説文解字》六下之部：“之、。”與此寫法相近。

[23] ：土。土字在古文字中均作“土”形。但在漢代隸書中經常添加衍筆。如“”（《居延漢簡甲編》1802簡）、“”（漢熹平石經·春秋·僖公二十八年）等。這裏的篆書應該是在當時的這種隸書寫法上改作篆書形體的。

[24] ：衡山。《説文解字》四下角部：“衡，。……从角，从大、行聲。”西周金文中作“”（《三代吉金文存》卷四、毛公鼎）。後訛變成从行、从魚。此處已作此形。

[25] ：薦牲。供奉犧牲。薦字已殘泐不清。《説文解字》十上廌部：“薦、。……从廌，从艸。”這裏寫法上略有减省變化。

[26] ：報如景響。報應就如同影子與回響一樣。“景”與“影”同。《説文解字》七上日部：“景，。光也。”又《説文解字》三上音部：“響、。聲也，从音鄉聲。”這裏寫法有所减省筆劃。

[27] ：谷斗三錢。《説文解字》七上禾部：“谷，。……从禾，𣪊聲。”《説文解字》十四上斗部：“斗，。十升也。象形。”小篆斗的形狀已在原象形基礎上有所變化。甲骨文中斗作：“”（《戰後京津新獲甲骨集》253號）。兩周金文中作：“”（《三代吉金文存》卷九·秦公𣪘）。這裏的寫法與金文相似。三

字每筆起筆處上揚，最下一筆右側下垂，是一種裝飾的寫法，易與“气”相混。《説文解字》一上气部：“气、[illegible]。”

[28] [illegible]：長史。《説文解字》九下長部：“長，[illegible]。……从兀、从匕，……亡聲，𠪚者，倒亡也。”此處將下面的匕形變作山形。實際上小篆已將古文字中的“長”形做了改變。長字原爲長發人側面象形。如甲骨文“[illegible]”（《殷墟書契後編》上册一九・六），金文“[illegible]”（《三代吉金文存》卷二・寡長鼎）。戰國文字中或添加足形(止)，如“[illegible]”（《三代吉金文存》卷一九・庶長戈）。小篆中寫法可能即從戰國文字轉變而來。

[29] [illegible]：𥳑，當即“册”字。原字已泐。

[30] [illegible]厓：茅厓。人姓名。《説文解字》一下艸部：“茅，[illegible]。”又《説文解字》九下厂部：“厓，[illegible]。山邊也。从厰，圭聲。”

8. 吴　天發神讖碑

該石刻一般习稱作碑，實際上是刻於天然石塊的刻石。據石上段附刻宋元祐六年(公元1091年)三月二十六日轉運副使左朝請郎胡宗師題記，當時已斷爲三段，半埋於土，文字殘泐。原刻於三國吴天璽元年(公元276年)七月己酉。銘文内容應該是記録當時的符瑞現象。張勃《吴録》中認爲該刻石爲華覈撰文，皇象書寫。清代學者朱彝尊根據《吴志》指出並非華覈撰文。唐張懷瓘《書斷》記載："(皇)象工章草、小篆。"該石書體行筆上方下鋭，結體方拙。後代加以美化的"懸針篆"體可能即由此而來。但文字形體結構基本上與《説文解字》所收小篆相同，没有多少異體與變形。

刻石原存江蘇江寧天禧寺，後移存縣學。清嘉慶十年(公元1805年)三月校官毛藻刷印《玉海》時失火，將該刻石燒毁。現有拓本及翻刻本傳世。

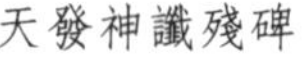

天發神讖殘碑

【釋文】

上天帝[1]言天（下泐）下步于日月（下缺）帝曰大吴一□萬[2]方甲午[3]丙日（下缺）在[4]仁中平[5]予□□元示于山川（下缺）

天發神讖文

天璽元年七月己酉朔十四日壬（下缺）武中郎[6]將丹（下缺）然[7]發刻[8]廣省[9]□。乃是天讖。廣多□未解。解者[10]十二字。以□月廿三日遣□□解文字。令史建[11]忠、中郎將會稽陳治（下缺）解十三字。治復[12]有□未解。以八月一日詔遣中書[13]郎行大將軍裨將軍[14]關内九侯江費宇行視。更[15]得□二字，合五十七[16]字。宇與西[17]部校尉姜[18]□□絡典[19]校皋儀備[20]□梅□、章咸、李楷[21]賀□、吴寵、建業[22]丞許□□番約等十二人吏□併[23]觀視，深甄[24]歷□永歸大吴，上天宣命，昭□太平。文字炳朗[25]天□在諸石上。故就（下缺）刊銘，敷垂[26]億（下缺）。

蘭臺[27]東觀令（下缺）吴郡（下缺）巧工九江朱（下缺）功東海□侯。

【注釋】

[1] □：帝。《説文解字》一上上部：“帝，□，……□，古文帝。”這裏的寫法將“束（□）”的中部改動，兩端上方不出頭。

[2] □：萬：《説文解字》十四下厹部：“萬，□，蟲也，从厹象形。”萬字原即毒蟲之形。甲骨文中寫作“□”（見《殷墟書契前編》3.30.5），西周金文中加衍畫作“□”（見《三代吉金文存》

卷一二、舀壺)。小篆即由此而來。

[3] ：甲午。《説文解字》十四下甲部：“甲，。東方之孟，陽氣萌動。从木戴孚甲之象。”這裏寫法將圓筆劃改爲方筆。又《説文解字》十四下午部：“午，。牾也。五月陰氣。午逆陽冒地而出，此予矢同意。”

[4] ：在。《説文解字》十三下土部：“在，。存也。从土才聲。”古文字中“在”本不从土，寫作“才”。如甲骨文作“”(見《殷契粹編》935)。西周金文中寫作：“”(見《三代吉金文存》卷四、舀鼎)。《説文解字》六上才部：“才，。艸木之初也。”

[5] ：平。《説文解字》五上亏部：“平，。語平舒也。从亏从八。”

[6] ：郎。與《説文解字》六下邑部“郎，”小篆寫法相同。

[7] ：然。《説文解字》十上火部：然，，燒也。从火，肰聲。”與此相同。

[8] ：刻。《説文解字》四下刀部：“刻，，鏤也，从刀亥聲。”

[9] ：省。見《説文解字》四上眉部：“省，，視也。从眉省，从中。”原从目从中，如甲骨文“”(見《殷契粹編》1045)。

[10] ：者。《説文解字》四上白部：“者，。”這裏的寫法略作改變，圓筆寫成方折。

[11] ：建。《説文解字》二下廴部：“建，。”其小篆寫法與此相同。

[12] ：復。《説文解字》二下彳部：“復，。”與此寫法近同。

[13] ：書。《説文解字》三下聿部：“書：。”寫法與此相同。

[14] ：裨將軍，即副將。裨，《説文解字》八上衣部：“裨，，……从衣，卑聲。”又三下寸部：“將，。”《漢印文字徵》三·一九收漢代印文中“將”字多作“”形。又《説文解字》十四

上車部：“軍，……从車，从包省。”

[15] ：更。《說文解字》三下攴部：“更，。”

[16] ：桼，假借作“七”。《說文解字》六下桼部：“桼，，木汁可以漆物，象形。桼如水滴而下。”“桼”與“七”聲音相同而通假。

[17] ：西。見《說文解字》十二上西部：“西，。鳥在巢上象形。”

[18] ：姜。見《說文解字》十二下女部：“姜，,……从女,羊聲。”

[19] ：典。《說文解字》五上丌部：“典，，……从册在丌上。

[20] ：備。《說文解字》八上人部：“備，。”這裏的寫法有所省略。

[21] ：楷。《說文解字》六上木部：“楷，。”與此處寫法近同。

[22] ：建業。《說文解字》三上丵部：“業，。”這裏的寫法稍有變化，將下面的与上面的聯結起來。

[23] ：併。《說文解字》十下竝部：“竝，，併也。从二立。”這種寫法由來已久。甲骨文中即作“”(見《殷墟書契後編》下九・一)。金文與戰國文字中亦同之。

[24] ：甄。《說文解字》十二下瓦部：“甄，，匋也。从瓦，垔聲。”《說文解字》十二上西部“西，……，古文西。”這裏寫法中“西”取古文寫法。

[25] ：炳朗。清晰明朗。《說文解字》七上月部：“朗，，明也，从月，良聲。”

[26] ：垂。《說文解字》十三下土部：“垂，。”戰國文字中垂寫作“”(見故宫博物院藏印)。此處寫法似爲以上兩種寫法變體。

[27] ：蘭臺，漢晋時中央官署名。《後漢書・百官志三》：“蘭臺令史，六百石。本注曰：掌奏及印工文書。”字形見《說文解字》所附小篆。

9. 魏　正始石經殘石

河南省洛陽市偃師縣太學村一帶，經歷年考古調查、發掘，已經被確定爲東漢與魏晋時期的太學遺址。自二十世紀二十年代以來，在這裏陸續有漢石經與魏石經的殘石出土。這些殘石已散存在國内各大博物館，並有一些流失到國外。

漢石經，又稱“熹平石經”，是我國歷史上第一次刊刻的儒家經典碑石，共四十六碑，刻有《魯詩》、《尚書》、《周易》、《儀禮》、《春秋》、《公羊傳》與《論語》七種經書。均用隸書書寫。

曹魏文帝黄初元年(公元 220 年)，復立太學。至正始二年(公元 241 年)再次刊刻石經。這次是用古文、小篆與隸書三種書體書寫，所以魏石經又稱作“三體石經”或“正始石經”。它僅刻寫了《尚書》與《春秋》兩種經書。王國維曾考證出魏石經有二十八碑。

漢、魏石經早已佚失，現僅存部分殘石。1922 年曾在偃師碑樓莊出土過一塊最大的殘石，約 90 厘米見方，因搬運不便，當時被碑販鑿成兩段。這裏介紹的是一件現存洛陽博物館的魏石經殘石,記録了《春秋》經傳僖公三十二年至文公二年的部分内容。

“三體石經”中保存的古文與小篆寫法，是古文字釋讀與研究中的重要材料。後世的字書，如《古文四聲韵》、《汗簡》等都收録了其中的形體。由於時代相近，它裏邊的很多形體與《説文解字》收録的古文、小篆形體相近同，可以互相對照。也有一些形體不見於《説文解字》及其他古文字書，更具價值。

【釋文】

二月衛[1]遷[2]於帝丘[3](下殘)丑，鄭[4]伯[5]捷[6]卒[7]。衛人侵[8](下殘)己[9]卯[10]，晋[11]侯[12]重[13]耳[14]卒。(下殘)齊[15]侯使[16]國[17]歸[18]父來[19]聘[20]。夏[21](下殘)於殽[22]。癸[23]巳[24]，葬[25]晋文公。狄[26](下殘)率[27]師[28]伐[29]邾[30]。晋人敗[31]狄於(下殘)公至自齊。乙巳公薨[32]於(下殘)人、陳[33]人、鄭人伐許[34]。(下殘)文公第[35]六(下殘)元年[36]春[37]，王正月，公即(下殘)叔[38]服[39]來會[40]葬。夏四月丁(下殘)來錫公命。晋侯伐衛(下殘)公孫[41]敖會晋侯於戚[42](下殘)君顆。公孫敖[43]如齊。(下殘)師戰[44]於彭衙[45]。秦師(下殘)

正始石經殘石

【注釋】

[1]　衛 衛：衛(卫)。前一字爲古文，後一字爲小篆。《説文解字》二下行部："衛，……从韋、帀，从行。"其附小篆即作"衛"。衛字造字是用二"止"(足形)環繞一"口"(圍墻形)，如甲骨文中作"韋"(見《殷墟文字甲編》350號)，以後添加"行"，或將"口"改换

爲“方”。如甲骨文“衛”(見《殷契粹編》1153)，金文“衛”(見《愙齋集古録》卷九)等。戰國璽印中又將字形改變爲“衛”(見《續齊魯古印捃》)。小篆即在此基礎上定形，並將“方”誤解作“帀”(即匝)。

[2] 遷遷：遷。前一字爲古文，後一字爲小篆。《説文解字》二下辵部：“遷，遷。……拪，古文遷，从手、西。”此處古文寫法爲另一形體，省去“辵”、“巳”，而將“㓞”重疊。

[3] 坔丘：丘。前一字爲古文，後一字爲小篆。《説文解字》八上丘部：“丘，丠，……㘳，古文从土。”此碑中古文寫法多增兩筆，小篆寫法減少一横。戰國文字中有類似古文寫法，如“坔”(見戰國銅器“鄂君啓節”銘文)。

[4] 奠鄭：鄭。前一字爲古文，後一字爲小篆。《説文解字》六下邑部“鄭”字小篆正與此處小篆寫法相同。古文寫法省去“邑”旁。實際上金文中“鄭”字並不从“邑”。如“奠”(見《三代吉金文存》卷九叔向㲃)，戰國時期陶文中又曾簡省作“奠”(見《古匋文孴録》5.1)。此處古文寫法可能即源於戰國陶文。

[5] 白伯：伯。前一字爲古文，後一字爲小篆。“伯”字在甲骨文、金文中本寫作“白”。如“白”(見《殷契粹編》180)、“白”(見《殷三代吉金文存》卷四、盂鼎)等。小篆中才增加“人”旁，見《説文解字》八上人部。

[6] 𢦔捷：捷。前一字爲古文，後一字爲小篆。《説文解字》十二上手部，“捷”小篆寫法正與此碑寫法相同。古文寫法不見於他處，當从𢦏从邑，即“𢧵”，見《説文解字》六下邑部：“𢧵，𢧵，故國，在陳留。从邑、𢦏聲，作代切。”與此“捷”字音、義均不符。懷疑“⻏”爲“卪”之誤。該字从“𢦏”从“卪”聲。“卪”與“捷”音通。

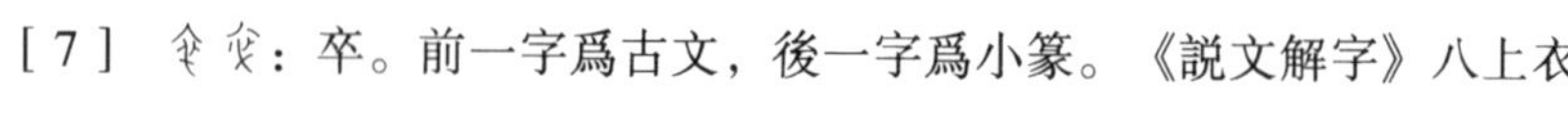

[7] 卒卒：卒。前一字爲古文，後一字爲小篆。《説文解字》八上衣

部：“卒，𠅩。”與此近同。

[8] 𠐺𠐺：侵。前一字爲古文，後一字爲小篆。《説文解字》八上人部：“侵，𠐺，漸進也。从人，又持帚，若埽之進。又，手也。”古文寫法稍有變化。

[9] 𢀳㔾：己。《説文解字》十四下己部：“己，㔾。……𢀳，古文己。”與此相同。

[10] 𠨐𩇨：卯。《説文解字》十四下卯部：“卯，𩇨。……𠨐，古文卯。”

[11] 𣈆𣈆：晋。前邊一字爲古文，後一字爲小篆。《説文解字》七上日部：“𣈆，……从日，从臸。

[12] 𥎦𥎦：侯。《説文解字》五下矢部：“侯。𥎦。……从人，从厂，象張布，矢在其下。……𥎦，古文侯。”

[13] 𡍮𡍮：重。《説文解字》八上重部：“重，𡍮。……从壬，東聲。”碑文中古文的寫法有所變異。戰國文字中“重”寫作“𡍮”（見《侯馬盟書》3.19）。

[14] 𦔮𦔮：耳。前一字爲古文，後一字爲小篆。《説文解字》十二上耳部：“耳、𦔮。”與此寫法正同。古文也無大變異。

[15] 𠫼𠫼：齊。這兩種形體均見於先秦古文字。如甲骨文作“𠫼”（見《殷墟書契前編》2.25.3），金文作“𠫼”（見《三代吉金文存》卷九、師寰毁）”、“𠫼”（見《三代吉金文存》卷八、陳侯午敦）。信陽楚簡中也寫作“𠫼”。

[16] 𠮷𠊥：使。《説文解字》八上人部：“使，𠊥。”先秦古文字中“使”均寫作“事”，如“𠭥”(見《三代吉金文存》卷四、毛公鼎)，戰國文字中寫作“𠭥”(見《侯馬盟書》)。碑文中古文寫法與之近似。

[17] 或國：國。《説文解字》六下囗部：“國，國，邦也，从囗从或。”此字形早在金文中已出現，如“國”（見《三代吉金文存》卷一三、彔卣）。金文中“國”字又作“或”見《三代吉金文

存》卷一、㝬鐘）。碑文中的古文字形“𢦏”可能是後人在此形體基礎上作的變異。

[18] 𨒅歸：歸。前一字爲古文，後一字爲小篆。“歸”字原从“𠂤”从“帚”，如甲骨文“𠂤帚”（見《殷契粹編》221）。金文中添加“辵”旁，如“𨔌”（見《三代吉金文存》卷九、不𡢁𣪘）。碑文中的古文寫法可能即由此變形而成，將“𠂤”横移至右側“帚”上，左旁“辵”有省筆。小篆定形亦从“𠂤”、从“止”、从“帚”。《説文解字》二上止部：“歸、歸。”與此相同。

[19] 逨來：來，前一字古文，後一字爲小篆。小篆形體與《説文解字》五下來部“來”字所附小篆相同，源於甲骨文。金文中已有添加“辵”旁者。如“逨”（見《商周金文録遺》293頁、長由盉）。天星觀楚簡中亦从“止”作“逨”。

[20] 𦖞聘：聘，原作“甹”。甲骨文中作“甹”（見《戰後京津新獲甲骨集》2651號）。金文中增繁作“甹”（見《三代吉金文存》卷四、毛公鼎），或作“甹”（見《三代吉金文存》卷九、番生𣪘）。戰國楚簡文字中作“甹、甹”（均見《包山楚簡》）與“甹”（見天星觀楚簡）。碑文中前一古文寫法可能由此變化而來。

[21] 𡕾夏：夏。前一字爲古文，後一字爲小篆。《説文解字》五下夊部：“夏，夏。……𠍓，古文夏。”所引古文與此碑寫法不同。金文中“夏”原作“夏”（見《三代吉金文存》卷九、秦公𣪘）。戰國文字中“夏”多寫作“𩒨”（見《濱虹草堂璽印釋文》）、“𩒨”（見《包山楚簡》）。“𡕾”爲“𩒨”省去右旁的變體。

[22] 𣪊𣪊：𣪊。此字古文寫法罕見。小篆从“肙”从“攴”。

[23] 癸癸：癸。前一字爲古文，後一字爲小篆。而《説文解字》十四下癸部“癸”，小篆作“癸”，“癸，籀文。从癶从矢。”碑文中的古文寫法是將小篆“癸”變形。

[24] 𠃉𠃉：巳。《説文解字》十四下巳部："巳，𠃉。"與這兩種寫法近同。

[25] 𦵏𦵏：葬。前一字爲古文，後一字爲小篆。《説文解字》一下茻部："葬，𦵏，……从死在茻中。一其中，所以薦之。"古文寫法可參見《古文四聲韵》卷四宕部："葬，𦵏，王庶子碑。"這種寫法似以"廌"代替"死"與"一"兩部分，當爲後起異體字。

[26] 狄狄：狄。前一字爲古文，後一字爲小篆。《説文解字》十上犬部："狄，狄。……从犬，亦省聲。"金文中即从"犬"从"亦"。如"狄"（見《三代吉金文存》卷十、曾伯簠）。戰國文字中出現另一種寫法，从"爫"，从"衣"聲，如"狄"（見《侯馬盟書》98.15）。此碑古文寫法即戰國文字寫法省變。

[27] 衛衛：率。依字義應爲《説文解字》二下行部："衛，衛，將衛也。从行，率聲。"甲骨文中原作"衛"（見《殷墟文字甲編》308號），金文中變成从"行"，如"衛"（見《三代吉金文存》卷四、毛公鼎）。戰國時的詛楚文中作"衛"。這些字形與碑文古文、小篆兩種字體相似。而《説文解字》十三上率部則稱："率，率，捕鳥畢也。"現以率代替"衛"。

[28] 師師：師。《説文解字》六下帀部："師，師，……从帀，从自。……𤕫，古文師。"所附古文與碑文中前一字古文寫法近同。尋其形體來源，可能是將"自(𠂤)"横置於"帀(帀)"之上。古文字中"師"又作"帀"。如"帀"（見《殷墟文字甲編》752號）。

[29] 伐伐：伐。从人，从戈。古文字中均如此寫法。

[30] 邾邾：邾。前一字爲古文，後一字爲小篆。《説文解字》六下邑部："邾，邾。"古文右半邊當爲"邑"省形。如戰國陶文"邾"（見《古陶文孴録》6.4）。

[31] 敗敗：敗。《説文解字》三下攴部："敗，敗。……𤽽，籀文敗，从

賏。”“敗”在金文中已寫作“□”（見《三代吉金文存》卷一八、南疆鉦），鄂君啓節中作“□”，《包山楚簡》中作“□”。

[32] □□：薨。前一字爲古文，後一字爲小篆。《説文解字》四下死部：“薨，□。……从死，瞢省聲。”古文寫法將小篆筆畫稍作變異。將上面的“艹”變成“竹”。

[33] □□：陳。前一字爲古文，後一字爲小篆。《説文解字》十四下𨸏部：“陳，□，……从𨸏，从木，申聲。□，古文陳。”所引小篆與此碑文近同，引古文則从𨸏，从申。碑文所書古文則與春秋戰國古文字形體相同。如金文作“□”（見《三代吉金文存》卷一八、陳猷釜），陶文作“□”（見《古陶文𦥑録》14.2），均有“土”旁以表示國名，爲齊國專用的寫法。

[34] □□：許。《説文解字》三上言部：“許，□，聽也。从言，午聲。”前一古文寫法中“言”旁略有變形，更近於金文中“言”的另一種寫法，如“□”（見陝西岐山董家村出土西周衛鼎）。

[35] □□：第。原作弟。《説文解字》五下弟部：“弟，□。韋束之次弟也。……□，古文弟。从古文韋省，丿聲。”弟字古文字中寫法多與《説文解字》所引小篆相同。如甲骨文作“□”（見《殷墟文字乙編》818號），金文中作“□”（見《三代吉金文存》卷一二、季良父壺）。三體石經中已有从竹的寫法。

[36] □□：年。前一字爲古文，後一字爲小篆。“年”字原从“禾”，从“人”，如甲骨文“□”（見《殷契粹編》853號），金文中有變形似从“土”者，如“□”（見《三代吉金文存》卷一七、齊侯盤）。戰國陶文中也有類似寫法，如“□”（見《古陶文𦥑録》7.2）。《説文解字》七上禾部：“年、□，……从禾、千聲。”

[37] □□：春。前一字爲古文，後一字爲小篆。《説文解字》一下艸部：“春，□。……从日、艸，春時生也，屯聲。”小篆形體與金

文相同，如“□”（見《壽縣蔡侯墓出土遺物》、蔡侯鐘）。戰國璽印文字中或寫作“□”，長沙子彈庫楚帛書中也寫作“□”，碑文中古文有所省筆。

[38]　□□：叔。前一字爲古文，後一字爲小篆。“叔”字古文字中原作“□”（弔，見《殷墟文字甲編》1870），後以有拮拾義的“叔”代替。如金文中有“□”（見《三代吉金文存》卷九、師釐毁）。

[39]　□□：服。《説文解字》八下舟部：“服，□，……从舟，𠬝聲。□，古文服从人。”戰國楚簡中寫作“□”（見曾侯乙墓竹簡），从“葡”，从“馬”。“葡”與“服”音通。碑中古文當即“□”變形。

[40]　□□：會。前一字爲古文，後一字爲小篆。《説文解字》五下會部：“會，□。……□，古文會如此。”正與此碑文相同。

[41]　□□：孫。前一字爲古文，後一字爲小篆。早在甲骨文中“孫”字即从“子”，从“糸”。如“□”（見《殷墟文字甲編》2001）。

[42]　□□：戚。前一字爲古文，後一字爲小篆。《説文解字》十二下戉部：“戚，□。戉也。从戉尗聲。”碑文古文寫法罕見於古文字材料中。《古文四聲韵》入聲錫部：“戚，□、□，並古孝經。□、□，並義雲章。”其字形結構與此碑古文近似。疑爲从“辵”，从“商”聲之“適”字假借。“商”有變形作“□”，或“□”，見《古文四聲韵》入聲錫部“□，古老子”，“□，古老子”。均可參佐。曾侯乙墓竹簡中“適”字作：“□”。

[43]　□□：敖。前一字爲古文，後一字爲小篆。《説文解字》四下放部：“敖，□，……从出从放。”《古陶文匯編》中收録戰國陶文“敖”字作“□”，疑“□”爲“□”省去“攴”後變形而成。

[44]　□□：戰。前一字爲古文，後一字爲小篆。《説文解字》十二下戈部：“戰，……从戈單聲。”在戰國金文中已作此種形體。如“□”（見河北平山出土中山國壺）。戰國金文中也有與此碑古文寫

法相近的形體。如“[illegible]”(見《三代吉金文存》卷四、𩚜忑鼎)。

[45] [illegible][illegible]：衙。前一字爲古文，後一字爲小篆。“衙”所从“吾”在古文字中有將“五”叠加的變體。如金文中“吾”作“[illegible]”(見《三代吉金文存》卷四、毛公鼎)，又戰國石鼓文中“敔”作“[illegible]”、“[illegible]”，亦同此例。

10. 北魏　爾朱襲墓誌蓋

爾朱襲墓誌，1928 年在河南洛陽出土。覆斗形志蓋，正中減地陽刻篆書誌名。四周綫刻青龍、白虎等四靈圖案。銘文楷書。該誌書體秀美，篆書結體端莊嚴謹，裝飾意味較强。原石現存西安碑林博物館。北朝墓誌蓋多用篆書，但文字多雷同，此爲一件代表。

爾朱襲墓誌蓋

【釋文】

魏[1]故儀同爾朱[2]君墓誌。

【注釋】

[1] ：魏。《説文解字》九上嵬部："巍，，高也，从嵬委聲。臣鉉等曰：今人省山，从爲魏國之魏。"徐鉉的説明，反映出現在通用的"魏"字是後來省改的。原來均作"巍"。北魏時期石刻中篆、隸均作"巍"。

[2] ：爾朱。北朝胡姓。《説文解字》二上八部："尒，。詞之必然也。从入、丨、八。八，象氣之分散。"這裏的寫法作了藝術上的處理，與原形體不盡相同。《説文解字》六上木部："朱，。……从木，一在其中。"此寫法有所修飾。

11. 北魏 宕昌公暉福寺碑額

暉福寺碑是北魏太和十二年(公元 489 年)刊立的。原碑高 2.94 米，寬 0.9 米。螭首，碑額篆書。現存西安碑林博物館。

該碑記載了王慶時監修寺院的經過與暉福寺建成後的壯觀景象。碑文爲工整的楷書，在北魏書法中屬上乘之作。碑額爲減地陽刻篆書。字體方正，别具風味，有些筆畫首尾加有修飾。但文字結構均與《説文解字》所收録小篆相同，没有變異。此碑可藉以反映北朝篆書風貌。

宕昌公暉福寺碑

【釋文】

大代[1]宕昌公[2]暉福寺碑[3]。

【注釋】

[1] 大代：大代，即北魏。拓拔氏建國，始稱“代”。後來北魏碑誌中常自稱“大代”。《説文解字》十下大部：“大，大，天大，地大，人亦大。故大象人形。”這裏的寫法更是明顯地

模仿正面人形，具有明顯的裝飾藝術特徵。

[2] 宕昌公：宕昌公。“宕”字中下部的“口”寫作“凵”形，是漢代以後篆書中常見的美化寫法。《讀史方輿紀要》卷六十、岷州衛：“宕州城，……古西羌地，晋末，西羌别種保聚於此，曰宕昌國。宋元嘉初，宕昌王梁彌忽遣子彌黄入貢於魏。尋爲仇池所并。九年，楊難當以兄子保宗爲鎮南將軍，鎮宕昌。”《隋書·地理志上》：“宕昌郡，後周置宕昌國，天和元年置宕州總管府。”説明在北周之前，宕昌一直是羌族自立的小國。建碑者王慶爲羌人，所以北魏朝廷封贈宕昌公，以示尊崇。

[3] 碑：碑。《説文解字》九下石部：“碑，碑，竪石也，从石，卑聲。”又《説文解字》三下𠂇部：“卑，卑，……从𠂇、甲。”此石中將“甲”的篆書改作隸書寫法。這種以隸書寫法入篆的作法在漢代以來書法中常見。

12. 隋　李和墓誌蓋

李和墓誌於 1964 年在陝西省三原縣陵前公社出土。李和在《北周書》中有傳，地位崇高。其墓誌書體瘦勁，爲帶有隸意的楷書。誌蓋四殺綫刻四靈、忍冬紋等圖案，中央減地陽刻篆書誌名。筆畫飽滿圓潤，與北魏時方正的書法有所不同。結體中一些筆畫有所修飾。

李和墓志蓋

【釋文】

大隋[1]上柱國[2]德廣[3]肅公李史君之[4]墓誌銘。

【注釋】

[1] 𨼏：隋。《説文解字》四下肉部："隋，𨼏，裂肉也。从肉，隓省聲。"

[2] 上柱國：上柱國。北朝、隋、唐時期勛官職名。《隋書·百官志下》載："高祖又採後周之制，置上柱國、柱國、上大將軍……總十一等，以酬勤勞。"文字結體與《説文解字》小篆同。

[3] 廣：廣。《説文解字》九下廣部："廣，廣。殿之大屋也。从廣黄聲。"此石寫法與之相同，僅作一些曲筆修飾。

[4] 㞢：之《説文解字》六下之部："之，㞢，出也，象艸過中，枝

莖漸益大，有所之也。”該解釋爲望文生義之臆説。“之”與“止”在古文字中爲同一字。均作足趾形，如甲骨文“㞢”（見《殷墟文字甲編》600）、金文“㞢”（見《三代吉金文存》卷一七、散盤）等。後分化爲“之”、“止”二字。在秦隸中始見“㞢”形，如“㞢”（見《睡虎地秦墓竹簡》秦律十八種23簡）。秦小篆作“㞢”（見秦廿六年詔權）。漢代沿習，如東漢張遷碑中“之”寫作“㞢”。而“止”在漢代小篆中則寫作“𣥂”，另成一字。《説文解字》二上止部：“止，𣥂，下基也。象艸木出有阯。故以止爲足。”其中“象艸木出有阯。”一句則反映出它與“之”之間密不可分的關係。這裏的寫法有所修飾，類似璽印或繆篆的風格。

13. 唐　碧落碑

碧落碑是著名的唐代篆書碑刻。它原在今山西省新絳縣城内龍興寺中，現移至新絳縣博物館。新絳在唐代屬絳州。有人考證該碑所在寺地在唐代爲碧落觀觀址，所以後世稱該碑爲碧落碑。碑文内容是唐代韓王李元嘉的兒子李訓、李誼、李譔、李諶等人爲他們的母親房太妃去世而作的悼念文詞，並記録了爲報恩而造道教尊像的原委。

該碑保存尚好，書體古樸，現在看來，是融有戰國古文寫法的大篆，結體中或有變異，反映了唐代古文字的傳習情況與唐代文人對古文字的認識。書者不詳，有人記載爲陳惟玉書，有人稱爲黄公譔書。陳惟玉當屬唐代著名書法家，見於《書史》。對此碑的書寫，後人附會有一些神異的傳説。據説唐代中期著名書法家李陽冰曾來此碑下學習，寢卧數日不去，自嘆不如。根據碑文中所記載“有唐五十三祀”的年數，從武德元年(公元 618 年)起推算，立碑之日應當是唐總章三年(三月後改元爲咸亨元年，公元 670 年)。是現在可以見到的唐代篆書碑中較早的一件作品。

碧落碑是唐代篆書的一件突出代表，文詞華美，書體端正。它的文字結體中大量採用“古文”形體結構。這些“古文”多來源於《説文解字》所附古文。實際上與戰國時期的六國“古文”多有相通之處。有人也把它認作現存唯一的用“古文”書寫的碑文。在近年來釋讀戰國古文字材料的過程中，它也起過一定的作用。通過它的文字釋讀，可以更好地了解唐代篆書的文字形體由來，認識後來的篆書演變情況。

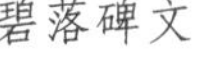

碧落碑文

有關碧落碑的歷代金石著録，可參見《金石萃編》卷五七中附録的材料。

【釋文】

有唐[1]五十三祀[2]，龍集[3]敦[4]牂。哀子[5]李訓、誼、譔、諶銜恤在疚，寘懷[6]靡所，永言報[7]德，思樹[8]良因，敬立大道天[9]尊及[10]侍真像。

粤若稽古[11]，藐覿遂[12]初，真宰貞乎得[13]壹，混成表[14]於冲用。玄之又玄[15]，蹟超言[16]象之域[17]；惟恍惟惚[18]，理冥視[19]聽之耑[20]。是以[21]峒山順風[22]，勞[23]乎靡索；汾陽[24]御[25]辯，窅然[26]自喪。曠矣哉，道[27]之韞也，其寄於[28]寥廓之場焉。至於[29]玉筆[30]宣[31]徽，琅函吐秘，方壺神闕，□谷靈游。倏忽[32]九陔，導飛[33]廉[34]而從敦圉；俯[35]仰六合[36]，戴列星[37]而乘[38]雲氣。固亦昭章逸軌，肸蠁孤[39]風，淳化其曒，幽契無爽。伏[40]以先[41]妃含[42]貞載德，克[43]懋[44]柔[45]儀[46]，延[47]慶[48]臺華，正[49]位藩閫。動[50]容[51]資[52]於典禮[53]，發言光[54]乎箴[55]訓。故紘綖是肅[56]，粢盛[57]無違，大當葉曜，中閨以睦[58]。況倚閶分甘之澤[59]，徙居[60]側[61]眄之規，義[62]越[63]人[64]倫[65]，恩深[66]振[67]古。重以凝神道[68]域，抗[69]志澄源[70]。淮館儀仙，參[71]鴻寶之靈[72]術；楚壇敷[73]教[74]，暢微[75]言之盛範。儒[76]玄[77]兼洞，真俗[78]兩該。德冠母儀，事高[79]嬪則。豈圖昊[80]天不惠[81]，積善無[82]徵[83]。咎罰[84]奄鐘[85]，荼蓼俄集。訓等痛纏[86]過隙[87]，感切風[88]枝[89]，泣血攀[90]號，自期[91]顛[92]殞。祗奉嚴訓，慈[93]勉備隆[94]。偷存視息，遄

移氣[95]序。几筵[96]寂[97]寞，瞻望長違，創巨徒深[98]，寄哀何地[99]。所以先逮[100]餘漏[101]，祈福玄宗，敬[102]寫真容[103]，庶[104]幾[105]終[106]古。而土木非可久[107]之致，鎔鑄爲[108]誨盜[109]之先[110]。肅奉盅[111]規[112]，圖輝[113]貞[114]質，睟容伊[115]穆，玄儀有煒。金真摛耀，疑金闕之易奔[116]；琳華揚彩[117]，若[118]琳房之可覿。霓裳交映，欻駕斯[119]留。帝晨飾翠雲之罔[120]，香童散朱[121]陵之馥。載[122]雕爰斁，式展[123]誠祈。以此勝因，上資神理。伏[124]願[125]栖真[126]碧落[127]，飛步[128]黄[129]庭。謁群帝於天闕，携列[130]僊[131]於雲路[132]。融[133]心懸解，宅美希[134]夷[135]。佪[136]儀鄰[137]以洞[138]焕[139]，指[140]乾坤[141]而齊極。介兹多祉[142]，藩度惟[143]隆。如山作固[144]，永播[145]熊[146]章之烈[147]；循陔自勔，冀申烏[148]鳥之志。孔明在鑒，匪曰道假。昌言噑闇[149]，庶[150]斯無口。昔[151]人[152]銜哀罔極，鉛槧騰聖[153]。柔[154]紛[155]克劭，義切張憑[156]之誄；至德興思，痛深陸機[157]之賦。况清輝[158]懋範，宛若[159]前[160]踪。瞻言景行，敢[161]忘刊紀。余魂弱[162]喘，情不逮文[163]。謹托[164]真猷[165]，直書[166]心事。音儀日遠[167]，風烈[168]空傳，叩[169]心感慕，終天何及[170]。

【注釋】

[1] 𨸏:唐。此字形不見於他處，《汗簡》卷上之一收唐字作𠷽。《古文四聲韵》卷二唐部唐字亦同，注出處爲“林罕集”。溯其淵源，可見《説文解字》二上口部“唐”字古文即作“从口昜”。《包山楚簡》30號簡“傷”寫作“𩵋”，144號簡寫作“𨸏”，

《説文解字》五下矢部"煬，傷也。从矢易聲"。疑"□"即"傷"字，假作"唐"。

［2］□：祀。《説文解字》一上示部："祀……禩，祀或从異(异)。"此處將"異"變形。又見於正始石經。

［3］□：集。本字即作此形。《説文解字》四上雥部："雧，群鳥在木上也。……集，雧或省"。然甲骨文中已作"集"形。金文中有从雥者，見《考古》1964年8期《一九六二年安陽大司空村發掘簡報》商代母乙觶。

［4］□：《説文解字》十下立部："竨"，篆書作□，"磊竨重聚也。从立臺聲。"此處與敦通。敦牂，古歲星年名。

［5］□：子。《説文解字》十四下子部："子……□，籀文子，囟有發，臂脛在幾上也"。此處將頭發形改从艸。

［6］□：懷。从女作孃。《説文解字》十二下女部"嬛，□，……許緣切"。與此字形近似，但音難通轉。疑孃从女爲从心旁之形訛。《古文四聲韵》卷一皆部"懷，□，王存乂切韵"。與此處近同。

［7］□：報。《古文四聲韵》卷四號部："報，□，古老子，□、□、并籀韵"。陳煒湛《碧落碑中之古文考》(載《考古學研究》五)中認爲："疑碑文此形實乃復之輾轉寫訛，唐人誤以爲報字耳。"金文中"復"作"□"(見中山王嚳圓壺)，《侯馬盟書》中作"□"，與此碑字形有近同之處。

［8］□：樹。《古文四聲韵》卷四遇部："樹，□、□并古尚書，□、雲臺碑"。此爲□進一步簡化。

［9］□：天。《古文四聲韵》卷二先部："天，……□、□并古老子。"其字形來源不明。

［10］□：及。前人或釋"建"，或釋"逮"。錢大昕則釋作及。《玉篇》辵部："遘，渠給切，至也，連也。古文及字。"《説文解字》三

下又部："及……□，亦古文及。"均與此寫法相近。究其來源，懷疑爲"逮"字或體，因義近相假。《石鼓文·霝雨》中"逮"寫作"□"。相比之下，"□"僅添加"艸"旁。

[11]　□□：稽古。《古文四聲韵》卷一齊部："稽，□□。并古尚書，又□，王存乂切韵。"《汗簡》卷上之一："□，稽。并王庶子碑。"《説文解字》三上："古，……□，古文古"。又《汗簡》卷上之一及《古文四聲韵》卷三也收有相同寫法。《説文解字》三下卜部："卟，卜以問疑也。从口卜，讀與稽同"。王筠《説文句讀》云："系傳曰：《尚書》曰明用稽疑，今文借稽字。鄭樵曰：唐開元中《尚書》改用稽字。"

[12]　□：遂。《説文解字》二下辵部："遂……□，古文遂。"這裏的寫法有所變化。

[13]　□：得。《説文解字》二下彳部"得"小篆作□。省去"彳"即同此字形。《古文四聲韵》卷五德部："得，□，古孝經，□，古老子。"而甲骨文"得"已作手持貝的形體，如"□"（見《殷契粹編》262）。

[14]　□：表。《説文解字》八上衣部："表，……□，古文表从麃。"《集韵》稱："褜，衣前襟。"

[15]　□□□□：玄之又玄。《説文解字》四下玄部："玄，□。……□，古文玄。"此處前一玄字在《説文解字》小篆的字形上加以修飾，變"厶"爲"心"，後一玄字與《説文解字》古文同。唐代書者爲避免同一文字形體重複，經常將篆、古文並用或變易、添飾原字形體，造成文字變異。實際是出於書體美觀變化的需要，與原造字義無關。

[16]　□：言。《古文四聲韵》卷一元部："言，□。汗簡。"與此形近，易與"心"相混。

[17]　□：域。《古文四聲韵》卷五職部收"域"字有从田从或的寫

法，此處以京替代土，是用義近的偏旁借代。《説文解字》十三下土部中，垣、堵、城等字籀文均从𩫏，如“城”作□。

[18] □：忽。《古文四聲韵》卷五没部：“忽，□，古老子。”通惚。

[19] □：視。《古文四聲韵》卷四至部：“視，□、□。并天臺經幢”。《説文解字》四上目部：“眂，□，眂貌，从目氏聲。”此字形上部由目變形，下部由氏變形而成。

[20] □：槌。《説文解字》六上木部：“槌，□箠也。从木耑聲，一曰槌，度也。一曰剟也。”此處字形中有省筆。原釋作“端”，認爲是假借字，亦通。

[21] □□：是以。《古文四聲韵》卷三紙部：“是，□，古老子。……□，天臺經幢。”此處字形與之相近，疑改从“多”或“皿”聲。《説文解字》十四下巳部：“㠯，□，用也。”

[22] □：風。从風从京。甲骨文中風作□(《殷契粹編》八·三〇)，“凡”聲。此處从“京”聲。

[23] □：勞。《説文解字》十三下力部：“勞，……□，古文勞从悉。”

[24] □：崵。《説文解字》九下山部：“崵山在遼西。从山昜聲。”此處借作“陽”。

[25] □：馭。《説文解字》二下彳部：“御，……□，古文御，从又，从馬。”□爲馬古文寫法的後代變體，《汗簡》卷中之二从馬之字皆从□。

[26] □：然。《説文解字》十上火部：“然，……□，或从艸難。”此處寫法即《説文解字》引或體。

[27] □：道。《古文四聲韵》卷三晧部：“道，……□，古老子，……□，古尚書。”與此同。

[28] □：於。此形體現僅見於《碧落碑》。《説文解字》四上烏部：“□，古文烏象形。□象古文烏省。”由□變形，見《古文四聲韵》卷一

魚部："於，□，道德經。……□，王存乂切韵。"此字形當由以上諸寫法演變而來。

[29] □：於。《古文四聲韵》卷一魚部："於，□，王存義切韵。"又"□，道德經，……□，朱育集字。"與此相近同。

[30] □：應釋爲筆。《金石萃編》卷五七《碧落碑》釋文作"笈"。《古文四聲韵》卷五質部：筆、□，古孝經。"

[31] □：宣。《汗簡》卷中之二："□，宣。"同此，从曼聲。

[32] □：忽。《古文四聲韵》卷五没部："忽，□、□，并古老子。"疑□形由□變形而來。西周有曶鼎，字作□，見《三代吉金文存》卷四。

[33] □：飛。《古文四聲韵》卷一微部："飛，□，雲臺碑。""□，□，王存乂切韵。"

[34] □：廉。《古文四聲韵》卷二藍部："廉，□，義雲章。……□，陰符經。"又"兼，□，古老子"。與此碑寫法可互證。《説文解字》五上竹部："籃，……□，古文籃如此。"疑後人以籃、廉音近而借用。

[35] □：俯，原作頫。《説文解字》九上頁部："頫，低頭也。从頁逃省。太史卜書頫仰字如此"。《古文四聲韵》卷三麌部："俯，……□，古史記"。

[36] □□：六合。指宇宙。此處在"六"字下添加"目"旁。《古文四聲韵》卷五屋部"六，□，古老子。"古文字中未見此種寫法，疑爲漢以後人杜撰。《説文解字》三下攴部："敆，□，合會也"。與合相通。

[37] □□：列星。《説文解字》四下刀部："列，□，分解也。"這裏的寫法添加了三點，是將部分部首重疊的美化手法。《説文解字》七上晶部："星，□，……从晶生聲，一曰象形。……□，古文

星。”

[38] □：乘。《古文四聲韵》卷二蒸部：“□，義雲章。”當爲乘篆書□形訛變。

[39] □：孤。《古文四聲韵》卷一摸部：“孤，□、□。并道德經。”添加“臣”疑爲後世杜撰。

[40] □：伏。此字形不見於他處。疑爲字體訛變。

[41] □：先。《古文四聲韵》卷二先部：“先，□，古老子。”此字形由其衍化而成。

[42] □：含。《古文四聲韵》卷二覃部：“含，□，古老子。”與此同。

[43] □：克。《説文解字》七上克部：“□，亦古文克。”又《古文四聲韵》卷五：“克，□，古老子。”此處寫法在《説文解字》古文基礎上變形。

[44] □：懋。《汗簡》卷中之二：懋作“□”。《古文四聲韵》卷四侯部所收與之相同。上部爲矛變體。此寫法即从矛从心。《説文解字》十下心部：“懋，……□，或省。”

[45] □：柔。前人釋瓇。《説文解字》一上玉部：“瓇：□，玉也，……讀若柔。”此處假借爲“柔”。瓇字小篆作□，與此寫法明顯不同。

[46] □：儀。人旁借作立旁。瓇儀，指純潔美麗的儀容。

[47] □：延。篆文作□。《説文解字》二下廴部“延，□，安步延延也，从廴从止。”此處誤以延作延。

[48] □：慶。《古文四聲韵》卷四敬部：“慶，□，古孝經，□，古尚書。”與此同。

[49] □：正。《古文四聲韵》卷四勁部：“政，□，古老子。”與此近同。此處借政爲正。

[50] □：動。《説文解字》十三下力部：“動，……□，古文動从

辵。”此字將“重”旁變形，中間增加一個田，形近於童。古文字中“重”、“童”形近相通。

[51] 頌：容。《古文四聲韵》卷一冬部：“容，……頌，雲臺碑。”此字形爲容字添加“頁”旁的變體。

[52] 𧶽：資。《古文四聲韵》卷一脂部：“資，……𧶽，王存乂切韵。”與此同。此字形改从朿得聲。

[53] 𥫢豊：典禮。《説文解字》五上丌部：“典，……𥫢。古文典从竹”。“禮”字古文字中省“示”旁，如中山王方壺中作豊,見《文物》1979年1期《河北省平山縣戰國時期中山國墓葬發掘簡報》。

[54] 𤎫：光。《説文解字》十上火部：“光，……𤎫，古文。”與此相同。

[55] 鍼：原字已泐，疑爲鍼變形。鍼在此假借作“箴”。《説文解字》十四上金部：“鍼，鍼。”

[56] 𦘼：肅。《説文解字》三下聿部：“肅，……𦘼，古文肅”。變形爲从心，取心中敬肅之意。

[57] 𢦩：成，借作盛。《古文四聲韵》卷二清部：“成，𢦩，古孝經。𢦩，古老子。”實際是成字小篆成的訛變。在此字形上進一步訛變成𢦩。

[58] 睦：睦。類似字形又見於《古文四聲韵》卷五屋部：“睦，……睦，郭招卿字指”。

[59] 睪：澤。《古文四聲韵》卷五陌部：“澤，……睪，王庶子碑。睪，義雲章。”後一字與此近同。

[60] 𨔝：徙。《説文解字》二下辵部：“辿，……徙，徙或从彳。屎，古文徙。”《古文四聲韵》卷三紙部：“徙，𨔝，古老子。”此字形由古文徙字添加辵旁而成。商承祚先生考證：金文陳侯因資錞作屎，《説文解字》二上口部：“唸吚，呻也。《詩》曰：民之方唸吚。”今作“殿屎”。則屎本字，吚借字。此乃屎之古文，借

爲呷。□，居。《古文四聲韵》卷一魚部：“居，□、古孝經，□，説文。”但該例不見於今本《説文解字》。

[61] □：昃，借作側。《説文解字》七上日部：“昃”，小篆作□。該字今已殘泐。

[62] □：義。《汗簡》卷上之二：“□，義，出墨翟書。”《説文解字》十二下我部：“義，……□，墨翟書義从弗。”

[63] □：戉，借作越。《説文解字》十二下戉部：“戉，□。”此石寫法添加裝飾性衍筆。

[64] □：人。《古文四聲韵》卷一真部：“人，□，古老子，□，華岳碑。”均與此相近，系人字重形。

[65] □：侖，借作倫。《説文解字》五下亼部：“侖，……□，篆文侖。”篆文與此碑寫法相同。

[66] □：蒅，借作深。《説文解字》一下艸部：“蒅，蒲蒻之類也，从艸深聲。”

[67] □：从广从辰，爲振别體，但此字形不見於他處，不詳何出。

[68] □：道。《古文四聲韵》卷三皓部：“道，……□，古孝經，□，古老子。”與此碑寫法近同。

[69] □：抗。此字形不見於他處。《汗簡》卷中之二：“□，抗，出王庶子碑。”疑此从車爲□形之訛變。

[70] □：源，《古文四聲韵》卷一元部：“源，□，古老子。”

[71] □：摻，此處通參。

[72] □：靈。《古文四聲韵》卷二青部：“靈，□，古老子。”靈下部原从巫。此種寫法改从册，爲形近致訛。

[73] □：尃，與“敷”同。《古文四聲韵》卷一虞部：“敷，□，古尚書。”

[74] □：教，《古文四聲韵》卷四效部：“教，……□，古老子。”字形變化原因不詳。

[75] □：微，《古文四聲韵》卷一微部："微，□，道德經。……□，裴光遠集綴。"

[76] □：儒，《古文四聲韵》卷一虞部："儒，□，王庶子碑，□，王存乂切韵"。

[77] □：懸，假借作玄。《古文四聲韵》卷二先部："懸，□，雲臺碑"。

[78] □：俗，《古文四聲韵》卷五燭部："俗，……□，古老子。"

[79] □：□，借用作高。古文字中□(鄘)均作□形，如西周銅器毛公鼎等銘文。高則作□。此處應爲唐代人不諳古文字而誤借。

[80] □：昊，《汗簡》卷中之二："□，昊。"又《汗簡》卷中之一："□，天。"此字形疑由"□"類字形簡省而來。

[81] □：惠，《古文四聲韵》卷四霽部："惠，……□，裴光遠集綴。"又"蕙，□，李商隱字略"。□形當由□進一步簡省而來。

[82] □：亡，與"無"意近相通。

[83] □：征(徵)。《古文四聲韵》卷二蒸部："□，王庶子碑。《説文解字》八上壬部："□，古文徵。"均與此形近。

[84] □：罰。《古文四聲韵》卷五月部："罰，□，石經。"即从言从刀，與此相近。爲"罰"簡省。

[85] □：鐘。《説文解字》十四上金部："□，鐘或从甬。"

[86] □：廛，借作纏。《説文解字》九下廣部："廛，□，一畝半一家之居。"同書十三上糸部："纏(纏)……从糸廛聲。"

[87] □：隙，省去阜旁。《古文四聲韵》卷五陌部："隙，……□，石經。"

[88] □：風。《説文解字》十三下風部："□，古文風。"與此相同。

[89] □：枝。《古文四聲韵》卷一支部："支，……□，古孝經，□，王存乂切韵。"此碑枝字所从支形當由此而來。

[90] □：攀。《説文解字》三上𠬜部："攀，□，引也。……□，□

或从手从樊。”

[91] ：期。《古文四聲韵》卷一之部：“期，……，古尚書。，王存乂切韵。”系从亓(其)从月。《汗簡》卷上之一示部“祈”，寫作，亦與此相近，右旁似爲“斤”形訛。該字本當釋“祈”，假借爲“期”。

[92] ：顛。《古文四聲韵》卷二先部所收顛字有多種从真得聲並任意更换偏旁的異體，如：“，裴光遠集綴。，義雲章。，李商隱字略。，華岳碑。”《説文解字》八上：“真，……，古文真。”此處也是以人旁與“真”組成的“顛”字。

[93] ：慈。《古文四聲韵》卷一之部：“慈，，王存乂切韵。”又“滋，，道德經”。均與此同。

[94] ：備。《説文解字》八上人部：“備，，古文備。”商承祚先生認爲爲金文(備)之訛變。，隆。又見於《古文四聲韵》卷一東部：“隆，，王存乂切韵。”

[95] ：氣。《説文解字》七上米部：“氣，……，氣或从既。”《古文四聲韵》卷四未部：“槩，……，義雲章。，《淮南子·上昇記》。，碧落文。”

[96] ：或據上下文釋作“筵”。但此字形不見於他處，不詳由來。

[97] ：寂。《古文四聲韵》卷五錫部：“寂，……，義雲章。”古文字中“叔”原作“弔”，如甲骨文中“”(《殷墟書契前編》五·三二·一)，金文中“”(舀鼎)等。三體石經古文“叔”作。

[98] ：琛，此處借作“深”。《説文解字》一上玉部：“琛，。……从玉，深省聲。”

[99] ：地。右半邊爲“也”字古文“”變形。

[100] ：先逮。《汗簡》卷中之二先部即引此形。“逮”前注已

引。《金石萃編》卷五七釋作“貪建”，當以“先”假借作“貪”，“建”字釋誤。

[101] □：漏。減省水旁。

[102] □：敬。从敬从心，《説文解字》十下心部：“憼，敬也。从心从敬。敬亦聲。”

[103] □□：真容。《古文四聲韵》卷一真部：“真，□，古老子。……□，雲臺碑。”此寫法與之近似，均爲《説文解字》八上匕部“真，……□，古文真”之變形。古文字中“貞”亦作“□”，此或借貞爲“真”。《説文解字》七下宀部：“容，……□，古文容从公。”此處略有變形。

[104] □：庶。《古文四聲韵》卷四御部：“庶，□，貝丘長碑，又石經。”又“□，古孝經”。可見“□”形由“□”形變化而來。

[105] □：幾。《古文四聲韵》卷三尾部：“幾，□，古老子。”爲幾字左旁增添新音符“豈”造成的異體。

[106] □：終。《説文解字》十三上糸部：“終，……□，古文終。”原見於甲骨文、金文。如《三代吉金文存》卷四頌鼎作“□”。

[107] □：久。《古文四聲韵》卷三有部：“久，□，古老子。”此處添加意符“長”，形成異體。

[108] □：爲。《古文四聲韵》卷一支部：“爲，……□，道德經。”此形體源自戰國楚文字，如“□”，見鄂君啓節，又“□”，見望山楚簡。

[109] □：盗。此字形較正字添加一個水旁。

[110] □：先。《古文四聲韵》卷二先部：“先，……□，古老子。”與此寫法近同。疑來源於“天”字假借。天字別體又作“□”，“兲”（亦見《古文四聲韵》卷二先部）。

[111] □：盅，與“冲”通。《説文解字》五上皿部：“盅，器虚也，

从皿中聲。《老子》曰：'道盅而用之。'"

[112] 𩒹：規。《古文四聲韵》卷一支部："規，𩒹，義雲章。"𡗜當爲𡗜變形。

[113] 𣼽：輝。當爲翬假借，並添加水旁。此字形不見於他處。

[114] 隕：貞。古作鼎形，如甲骨文："𡇒，《殷墟書契後編》上一五、一二，"金文："𣇃，圅皇父鼎。𣇃，蔡侯鼎。"此字又添加阜旁。

[115] 𢒼：伊。《汗簡》卷中之二："𢒼，伊，出碧落碑。"《古文四聲韵》卷一："伊，𢒼，碧落文。"从彡从叔。

[116] 𩦢：奔。《古文四聲韵》卷一慁部："奔，𩦢，朱育集字。"从馬从賁聲。此从馬从奔，造字方法近同。

[117] 𥻨：彩。从采从彣。當从文義改換偏旁。《汗簡》卷中之二："彣，文，見諸家别體。"

[118] 𦯀：若。《古文四聲韵》卷五藥部："𦯀，古孝經，……𦯀，古尚書。"均與此形相近。

[119] 𠤕：斯。《古文四聲韵》卷一支部："𠤕，義雲章。"

[120] 𠔀：罔。《古文四聲韵》卷三養部："罔，𠔀，古老子。"《金石萃編》卷五七釋作"美"。"罔"，疑此處借作"網"。

[121] 絑：朱。《汗簡》卷中之一："𣎴，朱，王存乂切韵。"此从幺（𢆯，見《汗簡》卷上之二），从朱。

[122] 𩛛：載。《古文四聲韵》卷四代部："載，……𩛛，華岳碑。……𩛛，雲臺碑。"此字形从倉，當爲上引二字形从食訛變而來。

[123] 𡳐：展。《説文解字》八上尸部："展，㞡。"此爲㞡省形。

[124] 𢦏：此處據文義應作"伏"。《古文四聲韵》卷四候部："奏，……𢦏，古尚書，……𢦏，籀韵。"形體與此相近。《金石萃編》卷五七引錢侗跋云："𢦏字本古文奏，借爲伏願，於義於聲殊難通

轉。”《汗簡》卷上之一番部引《碧落文》，釋作“播”。《説文解字》十二上手部播字古文作“”。將“”看作“”省形較爲合理。《三代吉金文存》卷四師旂鼎中“播”字也寫作“”。

[125] ：願。《古文四聲韵》卷四願部：“願，……，雲臺碑。”由此添加目旁而成。

[126] ：禎，假借作真。

[127] ：落。《古文四聲韵》卷五鐸部：“落，，古老子。”當从糸从各，系“絡”字，假借作“落。”此字形在基礎上訛變而成。

[128] ：步。《古文四聲韵》卷四暮部：“步，……，汗簡。”由此簡省成。

[129] ：黄。《古文四聲韵》卷二唐部：“黄，，華岳碑。”源自《説文解字》十三下黄部：“，古文黄。”

[130] ：據文義當爲列。《古文四聲韵》卷五薛部：“列，……，古尚書。”《説文解字》四下刀部：“列，。”此字形疑从變形而訛。

[131] ：據文義當釋成“仙”。《説文解字》八上人部：“僊，。”即“仙”字。此字改人旁爲山旁。

[132] ：雲路。《説文解字》十一下雨部：“雲，……亦古文雲。”路本从足从各。此誤作从足从去。

[133] ：融。下部爲融，从鬲从蟲。上部添加二蟲，形成新的異體。此字現已殘缺。

[134] ：希。《古文四聲韵》卷一微部：“希，……，李商隱字略。”

[135] ：夷。《古文四聲韵》卷一脂部：“夷，，道德經。，古尚書。”

[136] ：侸。《説文解字》八上人部：“侸，立也。……讀若樹。”

疑此處借作“樹”,或認爲借作“駐”。

[137] ⊙⊙：鄰。《古文四聲韵》卷一真部：“鄰，OO，古老子，66，古尚書。”

[138] 衕：衕，假借作洞。《説文解字》二下行部：“衕，通街也。从行同聲。”

[139] 奐：奐。假借作“焕”。《説文解字》三上収部：“奐，奐。”《古文四聲韵》卷四换部：“涣，涣，道德經。”

[140] 指：指。《古文四聲韵》卷三旨部：“旨，旨，王存乂切韵。旨，汗簡。”

[141] 坤：坤。《説文解字》十三下土部：“坤，……从土从申。”此字形从申从六。

[142] 祉：祉。从宀从止。此字形不見於他處。

[143] 琟：琟。《説文解字》一上玉部：“琟，石之似玉者，从玉隹聲。讀若維。”此借作惟。

[144] 固：固。从古从心。《古文四聲韵》卷四暮部：“固，固，古尚書。固，雲臺碑。怘，崔希裕纂古。”均从古从心。現存碑文中“作固”至“永播”四字殘。

[145] 播：播。《説文解字》十二上手部：“播，从手番聲。”此處从手从米，米爲番省形。《古文四聲韵》卷四箇部：“播，……播，籀韵。”

[146] 熊：熊。《古文四聲韵》卷一東部：“熊，……熊，汗簡，熊，王存義切韵。”後一字即前一字形簡省，火訛變成火形。

[147] 列：列。假借作烈。《古文四聲韵》卷五薛部：“列，……列、列，並義雲章。”

[148] 烏：烏，《説文解字》四上烏部：“烏，……烏，古文烏。”與此字形相近。

[149]　𨵦：闇。《汗簡》卷下之一門部：“𨵦，闇，見碧落文。”是宋時即如此釋，不見他例。

[150]　𢈈：庶。《古文四聲韻》卷四御部：“庶，𢈈，貝丘長碑，又石經。𢈈，古孝經。”“庶斯”以下“無□昔人”四字現存碑文中已殘缺。

[151]　𦣻：昔，从昔从月。《古文四聲韻》卷五昔部：“昔，𦣻，古老子”，又“𦣻，籀韻”。均作此形。

[152]　𠈌：人。《古文四聲韻》卷一真部：“人，𠈌，古老子。”爲兩人形重叠。此字形爲𠈌進一步變形而成。

[153]　𦕈：聖，假借作聲。《古文四聲韻》卷二耕部：“聲，𦕈，華岳碑。”分析其字形，似从耳从口从古，也是“聖”字假借。碧落碑裏的這一寫法似由“𦕈”訛變而來。甲骨文至戰國文字中均可見到有从耳从口之聖。如西周銅器太保𣪕銘文中聖字作𦔻。

[154]　𨥸：鍒，即柔。金旁爲衍筆。

[155]　𦇔：《金石萃編》卷五七釋作“紛”。《古文四聲韻》卷一臻部：“紛，……𦇔，王存乂切韻。”字形與此相近。但在現存古文字資料中不見此寫法，不詳其來源。或疑其爲“嶷”字，假借作“儀”。

[156]　𢑚𢚾：張憑。《古文四聲韻》卷二陽部：“張，𢑚，古老子。𢑚，義雲章。”

[157]　𨻰𣚍：陸機。《汗簡》下之二“𨻰，陸。”《古文四聲韻》卷五屋部：“陸，𨻰，古老子。”右旁从“𡍬”，“𡍬”當即“𡍬”省形。“𨻰”左旁“𨸏”疑即“𨸏”、“阜”之訛變。《説文解字》六上木部：“機，𣚍。”此處省去“戈”，《古文四聲韻》卷一微部：“機，𣚍，王存乂切韻。”即與此同。

[158] □□：清輝。《古文四聲韵》卷二清部："清，……□，古老子。……□，雲臺碑。"就反映了"清"字變形的過程，此處寫作□，也是與上引寫法類似的一種變體。《古文四聲韵》卷一微部："輝"，引碧落文亦作：□、□。左旁叠加一"光"旁。"賦況清輝懋範"六字現缺。此據《金石萃編》摹本補。

[159] □□：《金石萃編》卷五七釋作"宛若"。但"□"字形體與"宛"不合，疑似"天"字。《古文四聲韵》卷二先部："天，□，雲臺碑。"《說文解字》六下叒部："叒，……□，籒文。"該字又假借作"若"，信陽戰國楚簡中作□，即與此寫法相近。

[160] □：前。从止从舟。《古文四聲韵》卷二先部："前，□，古老子。□，石經。"

[161] □：敢。《古文四聲韵》卷三敢部："敢，□，古孝經。□，□，並同上。"

[162] □：弱。《古文四聲韵》卷五藥部："弱，□，古老子。"錢大昕《潛研堂金石文跋尾》云："休，本沈溺字，故借爲强弱之弱"。

[163] □：文。《古文四聲韵》卷一臻部："文、□，汗簡，……□，古老子。"《說文解字》九上彣部："彣，□，䘵也，从彡从文。"上引□字形體當將"彣"與"文"二字混爲一體，□字形體則又添加"口"部，形成从"吝"从"彡"的別體。

[164] □：當即"侘"。《古文四聲韵》卷五陌部："宅，□，古孝經。□，說文。□，碧落文。"則將其釋爲"宅"。據文義，此處釋作"托"較合適。《古文四聲韵》卷五鐸部："托，□，古老子。"與此寫法不同。釋"宅"從字形上較貼近，但爲什麽以"宅"代替"托"，"尚無法解釋。錢侗跋語認爲"侘"

"托"義同相借。

[165]　[illegible]：猷。此从"示"从"酋"。"猷"原从"犬"从"酋"，如《古文四聲韵》卷二尤部："猶，[illegible]，古孝經。"戰國文字中"猶"又寫作"[illegible]"（見《凝清室所藏周秦鉨印》）。或由此訛作"[illegible]"形。

[166]　[illegible]：直書。《説文解字》十二下乚部："直，……从乚从十从目，[illegible]，古文直。"所引古文从直从木。《古文四聲韵》卷五職部："直，[illegible]，古老子。"亦沿其形。《説文解字》三下聿部："書，[illegible]。"這裏的寫法上部，當从書字小篆寫法的上部訛變而來。《古文四聲韵》卷一魚部："書，[illegible]，華岳碑。"爲另一種別體，下部作"从"形。這裏的寫法下部似由"从"訛變而來。下文"心事音儀日遠"六字現缺。

[167]　[illegible]：遠。《説文解字》二下辵部："遠，[illegible]。……[illegible]，古文遠。"此即《説文解字》所引古文省去"[illegible]"。《古文四聲韵》卷四願部："遠，[illegible]，古老子。"即作此形。

[168]　[illegible]：烈。此从"列"从"齒"。列，小篆作"[illegible]"。《古文四聲韵》卷五薛部："列，……[illegible]，古尚書。……[illegible]、[illegible]，並義雲章。"疑此所从"齒"或由"[illegible]"形訛變而來。

[169]　[illegible]：敂。《説文解字》三下攴部："敂，[illegible]，擊也。"即古"叩"字。《金石萃編》卷五七碧落碑釋文作"叨"，誤。

[170]　[illegible]：何及。"[illegible]"形不見於他處，疑左旁爲"扌"旁訛變。"扌"古文寫法或作"[illegible]"，如"折"作"[illegible]"（見《古文四聲韵》卷五薛部），"扶"作"[illegible]"（見《古文四聲韵》卷一虞部）等。"抲"，《説文解字》十二上手部："抲，抲㧑也"。與"何"音同假借。《説文解字》三下又部"及，……[illegible]，古文及秦刻石及如此，[illegible]，亦古文及。"[illegible]當由此衍筆而成。

14. 唐　美原神泉詩序碑

美原神泉詩序碑，刻於唐垂拱四年(公元688年)，這是較早的唐代篆書碑石。原立於陜西富平縣美原鎮，尖首，方座，高1.82米，寬0.65米。這種形制在唐代碑石中比較少見。有人懷疑它是利用漢代碑石重刻的，現存於陜西西安碑林博物館内。

碑陽、碑陰均有銘文。内容爲美原縣尉韋元旦等人游覽美原神泉後所作的詩與序，尹元凱書。所書篆文結體大多本於《說文解字》。但也有加以修飾及訛變不經之處，是秦漢以後人士書寫篆體時常見的現象。書體方正，裝飾意味較濃。

【釋文】

(碑額)　**美原神泉詩序**(隸書)

(碑陽)　五言夏日[1]游[2]神泉[3]序　美原縣尉韋元旦字烜

美原縣東北隅[4]神泉者，雖無樹石森深[5]之致[6]，而有[7]豁[8]險清泠[9]之異。韋子蓋[10]嘗倦[11]簿領,洗塵[12]冥[13],爰命丞[14]太原王公[15]、主簿平陽賈公、尉南陽張公釋[16]事以游焉[17]。喟然而嘆[18]曰：陵谷[19]之變雖窮，造化[20]之功何檢；有窮則[21]適[22]變，無檢則忘功，所以物效其奇，事冥其契。嗟乎[23]!恨[24]不得[25]列之玉檻[26]，漱以瓊漿[27]。勝[28]負無私，流俗所忿。徒觀其仰[29]潔，其味美。起自文明[30]首秋[31]，時則垂拱[32]元夏[33]。隤祥應運，非[34]醴泉歟[35]?不然，何明[36]祈雜遝，降福肸蠁[37]，而幽通之若[38]此也?澗形[39]如

規，四望若掃。平地可深百許尺[40]，東西[41]延袤[42]七、八十尺。下積[43]圓[44]泉，泓渟鏡澈[45]，莫測其底，南流[46]出界。雖雲漢昭回[47]，而滲漉無端。則所謂[48]上善[49]利物，谷神[50]不死[51]。豈虬龍窟宅，靈仙[52]福佑，懷清佇俊[53]，抱逸尋[54]幽者乎？躋[55]顥氣而瑩[56]襟情，疏玄流而屏喧[57]濁。忘歸淡定，盍賦詩云：

聞有濠梁地[58]，駕言並四美。契冥邀異適[59]，勝會不延晷。澗響若琴[60]中，泉華[61]疑鏡裏。形隨圓月正，制逐規虹起。澡流瑩丹□，跂石凉[62]玉[63]趾。近焉將安適，行當潤濛汜[64]。主簿[65]賈言淑。詞人擁[66]高節，狎[67]異尋幽賞。豁險洞深澗，皦鏡疑無象。形隨澡魄圓，氣逐非烟上。徙[68]谷縈新溜，分谿疏舊壤[69]。冥功兆[70]□□，效[71]奇靈既往[72]。共漱□□清，超然□□想。

(碑陰)

大唐[73]裕明子書

五言同韋子游神泉詩，并序。雲陽主簿明臺[74]子徐彦伯字光

美原北澗，有神泉生焉。裕明子、明臺子尋故人韋烜[75]，因游之。烏戲[76]！泉潭虛融，派流徑復。信造化之極、神明之儁也。裕明子乃[77]盥焉，明臺子乃漱焉，相視而笑曰：異哉[78]！豈太平殊[79]感而循化有助耶？則韋子蓋文章之雄也。昔持雅興，諒□言而不酬云：

桐坂疏抱甕[80]。崑丘落縣米，豈如中輔邑，迸泉毓[81]爲醴。氣融靈兆作，潤洽冲務啟。月潭信玲瓏，霞溜幾清泚。湝湝上善用，的的煩慮[82]洗。君子懷淡交，相從澗

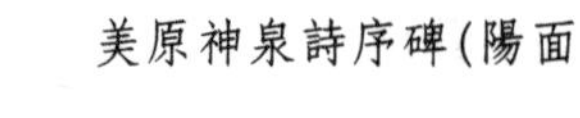

美原神泉詩序碑(陽面)

美原神泉詩序碑(陽面局部)

之底。

裕明子河間尹元凱字𨍏

聞君泉壑幽，俯裂頻陽趾。及我性情狎，遥輕武陵涘。歃[83]窞明月制[84]，沮滜凉風[85]起。朋來想辟雍，日去疑濛汜。列坐殊滿腹，揚清非洗耳。仿佛參[86]石游，淡焉適真理。

左司郎中温翁念字敬祖

昔日鳴絃地，今聞生澗水。靈潜敝政餘，潤發彫文始。滴滴流珠散[87]，渟渟明月止。善利懷若人，淡交挹君子。鏡澈[88]無纖翳，天清滌煩滓。虚忝[89]神仙臺，何由弄風晷。

天官員外郎李鵬字至遠

垂拱四年龍集戊子四月戊□。

【注釋】

[1] 夏日：夏日。《説文解字》五下夊部："夏，夏，中國之人也，从夊从頁从臼。臼，兩手；夊，兩足也。"此處寫法與《説文解字》小篆正同。

[2] 游：游。《説文解字》七上㫃部："游，游，旌旗之流也。"古文字中一向作人持旌旗狀。如甲骨文中寫作"斿"（見《戰後京津新獲甲骨集》4457號），金文中作"斿"（見《三代吉金文存》卷三仲斿父鼎），石鼓文中寫作"斿"等。均與此同。《古文四聲韵》卷二尤部："游，……游，雲臺碑"。説明後代一直有此寫法沿習。

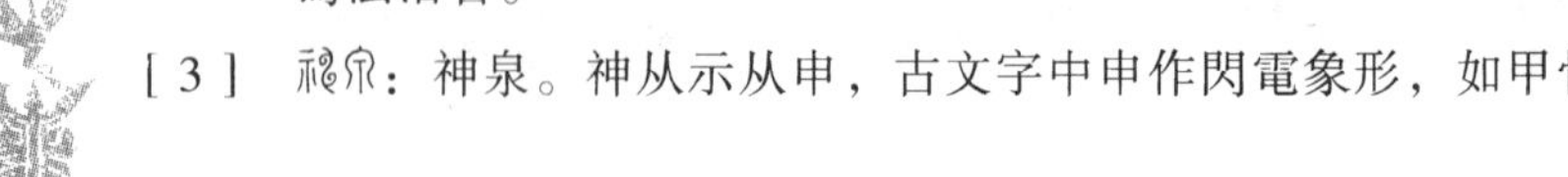

[3] 神泉：神泉。神从示从申，古文字中申作閃電象形，如甲骨文寫

作“申”（見《殷契粹編》306號），金文寫作“申”（見《三代吉金文存》卷十杜伯盨）。《説文解字》一上示部：“神，神”，均與此寫法相同。甲骨文中泉字寫作“泉”（見《殷墟書契前編》4.17.4）與“泉”（見《殷墟卜辭》）。《説文解字》十一下泉部：“泉，泉，水原也。象水流出成川形。”古文字中多沿習此寫法。

[4]　東北隅：東北隅。“東”字本从“日”从“木”。此處寫法有所變異。《説文解字》六上東部小篆作“東”。《説文解字》八上北部：“北，北，……从二人相背”。爲古文字中通用寫法。《説文解字》十四下𨸏部：“隅，隅。”

[5]　深：深。《説文解字》十一上水部：“深，深。”即此字形。

[6]　致：致。《説文解字》五下夊部：“致，致，……送詣也。从夊从至。”

[7]　有：有。《説文解字》七上有部：“有，有。……从月又聲。”此處“月”訛作“曰”。

[8]　豁：豁。原作“䜳”。《説文解字》十一下谷部：“䜳，䜳。通谷也。从谷害聲。”

[9]　泠：泠。《説文解字》十一上水部：“泠，泠。”當即此字。清泠，指水流清澈。

[10]　蓋：蓋。《説文解字》一下艸部：“蓋，蓋，苫也。从艸盇聲。”與此相同。

[11]　倦：倦。《説文解字》八上人部：“倦，倦。”

[12]　塵：塵。《説文解字》十上麤部：“塵，鹿行揚土也”。此省形爲从鹿从土。又見於《古文四聲韵》卷一真部：“塵，……塵，王存乂切韵。”同處又收有“塵，古老子”。爲另一異體。

[13]　冥：冥。《説文解字》七上冥部：“冥，冥。幽也，从日从六，冖

聲。”《古文四聲韵》卷二青部：“冥，……□，……並碧落文。□，汗簡。”與此近同。

[14]　□：丞。《説文解字》三上収部：“丞，□。翊也。从収从卩从山。”古文字中山或填實作“□”形，如西周金文(見《三代吉金文存》卷四克鼎)，戰國楚文字(見長沙子彈庫楚帛書)。

[15]　□：公。這種寫法與下面的“□”、“□”均爲公的不同寫法。《説文解字》二上八部：“公，□，平分也。从八从厶。”

[16]　□：釋。《説文解字》二上釆部：“釋，□。”

[17]　□：焉。《説文解字》四上烏部：“焉，□。焉鳥，黄色，出於江淮。象形。”這裏在《説文解字》所收小篆的形體上略有變易。

[18]　□：嘆。《説文解字》八下欠部：“嘆，□。”這裏略加變化，左下部的“土”變作兩竪。

[19]　□□：陵谷。這裏“陵”的寫法訛誤較大，似从“專”。《説文解字》十四下𨸏部：“陵，□。”《古文四聲韵》卷二蒸部：“陵，……□，王庶子碑。”均从“夌”聲。

[20]　□□：造化。《説文解字》二下辵部：“造，□，就也。从辵告聲。……□，古文造，从舟。”此寫法从《説文解字》引古文。其寫法源於西周金文。如“□”(見《三代吉金文存》卷四、頌鼎)。

[21]　□：則。《説文解字》四下刀部：“則，……□，籀文則从鼎。”此與《説文解字》所引籀文同。

[22]　□：適。《説文解字》二下辵部：“適，□。”與此寫法基本相同。

[23]　□□：嗟乎。感嘆詞。嗟字从口从差。《説文解字》五上左部：“差，□”。即此寫法。《説文解字》五上虍部：“虖，□。”此處寫法與《説文解字》小篆相同。

[24]　□：恨。《説文解字》十下心部：“恨，□。”此寫法與之近同。

[25] ：得。《説文解字》二下彳部："得，。"此寫法將《説文解字》小篆字形中右上"目"横置，並添加一竪。

[26] ：玉檻。玉字古文字中多作"王"。如西周金文中作"王"（見《三代吉金文存》卷四、毛公鼎）。《説文解字》一上玉部："玉，王。"又《説文解字》六上木部："檻，。"

[27] ：瓊漿。《説文解字》一上玉部："瓊，。赤玉也，从玉夐聲。"這裏的寫法將中的目改爲横寫的四。《説文解字》十一上水部："漿，。酢漿也。从水，将省聲。"與此處寫法正相同。

[28] ：勝。《説文解字》十三下力部："勝，。任也，从力，朕聲"。與此相同。

[29] ：卬，與"仰"通。《説文解字》八上匕部"卬，。望，欲有所庶及也。"从匕从卩。《詩》曰："高山卬止。"同部："仰，舉也，从人从卬。"後代古文字書中或有以"卬"代替"仰"之例。如《古文四聲韵》卷三養部："仰，，王庶子碑。"又有變形作者，見上引書轉録自"雲臺碑"。

[30] ：文明。唐睿宗年號，在公元684年。同年九月武則天改元光宅。文字上添加三撇修飾。實際上應爲"彣"字。《説文解字》九上彣部："彣，。䬀也"。後人將此字與"文"混淆通用。見《古文四聲韵》卷一臻部："文，，汗簡……彣，籀韵。"明字寫法與《説文解字》小篆相同。

[31] ：首秋，第一年秋天。《説文解字》七上禾部："秋，。……，籀文。"此"秋"字形體上源自甲骨文。如""，見《殷契粹編》1151號。後添加"禾"旁。

[32] ：垂拱。唐武則天年號。自公元685年至688年。《説文解字》十三下土部："垂，，……从土𠂹聲。"後代寫法中有所

簡化，省去“土”。《古文四聲韵》卷一支部：“垂，[古文]、[古文]，並汗簡”。即與這裏的寫法相同。

[33] [古文]：元夏，即孟夏，四月。《説文解字》五下夊部：“夏，[篆]。中國之人也。从夊从頁从臼。臼，兩手；夊，兩足也”。

[34] [古文]：非。《説文解字》十一下非部：“非，[篆]。”這裏的寫法略有變形，更接近先秦古文字中的寫法。《古文四聲韵》卷一微部：“非，[古文]，[古文]，並道德經。”此處收録的兩種寫法正表明了從“[古文]”的形狀變化過來的過程。西周金文與戰國文字中“非”均作“[古文]”，如西周銅器、毛公鼎(見《三代吉金文存》卷四)、春秋蔡國銅器蔡侯鐘(見《壽縣蔡侯墓出土遺物》)、戰國侯馬盟書(見《侯馬盟書》)。

[35] [古文]：歟。《説文解字》八下欠部：“歟，[篆]。”與此正同。

[36] [古文]：明。《説文解字》七上明部：“明，[篆]。照也。从月从囧。……[古文]，古文明从日。”此處从白从月。實際上是在“日”上添加裝飾性竪畫而成。

[37] [古文]：肸蠁。散布、彌漫意。指神靈感應。《説文解字》十三上䖵部：“蠁，[篆]。知聲䖵也，从䖵鄉聲。”

[38] [古文]：若。源自甲骨文字形，如“[甲骨文]”(見《殷墟文字甲編》205號)。金文中作“[金文]”(見《三代吉金文存》卷四，盂鼎)，“[金文]”(見《三代吉金文存》卷四，曶鼎)。

[39] [古文]：刑。《説文解字》四下刀部：“刑，[篆]。剄也。从刀幵聲。”《説文解字》九上彡部：“形，[篆]，象形也。从彡幵聲。”此以“刑”借作“形”。

[40] [古文]：尺。《説文解字》八下尺部：“尺，[篆]。……从尸从乙。”這裏的寫法將“乙”稍作修飾。

[41] [古文]：東西。《説文解字》十二上西部：“西，[篆]，鳥在巢上象形。……[古文]，古文西。”古文字形體中的“西”並無鳥形。如甲

骨文作"□"（見《殷墟文字甲編》740號），金文作"□"（見《三代吉金文存》卷一七），戰國石鼓文中作"□"等。這裏的寫法直接源於先秦古文字。

[42] □□：延袤。指長寬。《説文解字》八上衣部："袤，□，衣帶以上，从衣矛聲。一曰南北曰袤，東西曰廣。"此處"延"意與"廣"相同。"延"字形體上有所簡省。

[43] □：積。《説文解字》七上禾部："積，□。"即與此相同。

[44] □：員。《説文解字》六下員部："員，……□，籀文从鼎。"此假借作圓。下同。

[45] □□：鏡澈。水像明鏡一樣清澈。見《水經注》卷三七沅水："清潭鏡澈。"

[46] □：流。《説文解字》十一下沝部："𣴑，□。水行也。从沝，㐬。……□，篆文从水。"現有先秦古文字中，□、□兩種寫法均存在。

[47] □：回。《説文解字》六下口部："回，□。……□，古文。"

[48] □□：所謂。《説文解字》十四上斤部："所，□。伐木聲也。从斤，户聲。"這裏的寫法有所變形。

[49] □□：上善。《説文解字》三上誩部："譱，□，吉也。从誩从羊。"

[50] □：神。《説文解字》一上示部："神，□，……从示申。"示旁後代書寫古文時有時省形作"□"，"申"古文形體變形作"□"。如《古文四聲韻》卷一真部："神，□，古孝經，……□，豫讓文。"

[51] □：死。《説文解字》四下歺部："死，□，……从歺从人。"這一形體源自甲骨文，如"□"（見《殷墟文字甲編》265號）。後一直沿習。

[52] □：仙。《説文解字》八上人部："仙，□"。與此寫法相同。

[53] □□：佇俊。《説文解字》八上人部："佇，□"。又"俊，

□”。均與此處寫法相同。

[54] □：尋。《説文解字》三下寸部：“㝷，□，繹理也。从工，从口，从又，从寸”。

[55] □：躋。登上。《説文解字》二下足部：“躋，□，登也，从足，齊聲”。

[56] □：鎣。《説文解字》十四上金部：“鎣，□。器也。从金，熒省聲”。這裏省形“□”借作“瑩”，透明光潔之意。

[57] □：喧。《説文解字》七下宀部：“宣，□。”喧字从口，从宣得聲。宣旁寫法與《説文解字》小篆相同。

[58] □：地。《説文解字》十三下土部：“地，□，……从土，也聲。”“□”應該是“□”的形訛。

[59] □□：異適。《説文解字》三上異部：“異，□。分也，从廾，从畀”。這里的寫法有所變異，“□”訛變成“□”，如《古文四聲韵》卷四志部：“異，□，天臺經幢。”就表現出這種變化的過程。《説文解字》二下辵部：“適，□。”與此寫法相同。

[60] □：琴。《説文解字》十二下琴部：“琴，□。……□，古文琴从金”。這裏的寫法中添加了 □。

[61] □□：泉華。《説文解字》十一下泉部：“泉，□。水原也，象水流出成川形。”又六下華部：“華，□。”均與此寫法相近同。

[62] □：凉。《説文解字》十一上水部：“凉，□，薄也。”《説文解字注》云：“薄則生寒，又引伸爲寒，如北風其凉是也。至《字林》乃云：凉，微寒也。唐殷敬順引之。《廣韵》、《玉篇》皆云：‘凉，俗凉字。’”

[63] □：玉。《説文解字》一上玉部：“玉，□，……□，古文玉。”

[64] □□：濛汜。古代用以稱太陽没入之處的名稱，又以代稱人生暮年。《説文解字》十一上水部：“濛，□。汜，□。”此處“汜”

的寫法略有變化。

[65] ：主薄。薄借作簿。主簿爲地方官吏名。《說文解字》一下艸部："薄，。"

[66] ：擁。《說文解字》十二上手部："擁，，抱也。从手雝聲。"這裏的寫法將"手"移至右下方。

[67] ：狎。見《說文解字》十上犬部："狎，。……从犬甲聲。"

[68] ：徙。《說文解字》二下辵部："延，。迻也。从辵，止聲。，徙或从彳。"

[69] ：壞。《說文解字》十三下土部："壞，。"此寫法中增添筆劃。

[70] ：兆。《說文解字》三下卜部："兆，。……从卜、兆象形。，古文兆省。"《古文四聲韵》卷三小部："兆：，古孝經。"這裏的寫法當由《說文解字》古文寫法變形而來。

[71] ：效。《說文解字》三下攴部："效，。象也。从攴，交聲"。效字寫作从"力"是後起俗體。《玉篇》載："効，俗效字。"這裏以當時流行的俗體爲本，拼湊古文字偏旁寫法寫成篆體。這是唐宋時期常見的作法。

[72] ：往。《說文解字》二下彳部："往，。"這裏寫法添加修飾，右下誤作"壬"。

[73] ：唐。《說文解字》二上口部："唐，。大言也。从口，庚聲。"此處略有形變。

[74] ：臺。《說文解字》十二上至部："臺，，……从至，从之，从高省。"與此寫法正相同。

[75] ：爟。《說文解字》十上火部："爟，取火於日官名。舉火曰爟。……，或从亘。"

[76] ：烏戲。《說文解字》四上烏部："烏"小篆作""。此處寫法近於周代金文，如""（見《三代吉金文存》卷九、沈子毁）、""（見《三代吉金文存》卷四、毛公鼎）。《說文解字》

十二下戈部“戲，𢧵。……从戈虘聲”。”烏戲，讀作“嗚呼”。

[77] 㐅：乃。《説文解字》五上了部：“乃、㐅。……𠄎，古文乃”。均與此同。

[78] 𢀳𢦏：異哉。異，《説文解字》三上異部：“異、㚤。……从廾，从畀。”此處改从巳、从廾。與古文字不符，當爲後人新造形聲字。又《説文解字》十二下戈部：“𢦏，𢦏。……从戈、才聲。”金文中作“𢦏”（《三代吉金文存》卷一、邾公華鐘）、“𢦏”（《三代吉金文存》卷一、者沪鐘）。後一種已作从才、从口、从戈。此碑寫法上从“木”，爲“才”變異。

[79] 𣦼：殊。《説文解字》四下歺部：“殊，𣦼。……从歺、朱聲。”與此近同。

[80] 𦉥：罋，即瓮。《説文解字》五下缶部：“罋，𦉥。汲缾也，从缶、雝聲”。

[81] 毓：毓。《説文解字》十四下𠫓部：“育，……毓，育或从每。”甲骨文中即如此，如“毓”（見《殷墟書契前編》2. 24. 8）。

[82] 慮：慮。《説文解字》十下思部：“慮，慮……从思、虍聲。”與此正相同。

[83] 欿：欿。《説文解字》八下欠部：“欿，欿，欲得也。从欠、臽聲。”

[84] 𠜉：制。《説文解字》四下刀部：“制，𠜉，……从刀、从未”。

[85] 𠁾：風。《説文解字》四上鳥部：“鳳，……𠁾，古文鳳、象形。”甲骨文中“鳳”通作“風”。如“鳳”（《鐵雲藏龜》55. 1）《説文解字》中古文字形當沿襲甲骨文而來，後來另造“風”字《説文解字》十三下風部：“風，風……从蟲，凡聲。”

[86] 曑：參。《説文解字》七上晶部：“曑，曑。商星也。从晶、㐱聲。曑。曑或省。”金文中已作此形，如“曑”（《三代吉金文存》卷四、舀鼎）。

[87] ：散。《説文解字》四下肉部：“散、。雜肉也。从肉、㪔聲。”

[88] ：潵。這個字爲《説文解字》所不收。篆體可能爲後人書寫時拼湊而成。中上部的“雲”寫作“”，即“去”。“去”字甲骨文中寫作“”(見《殷墟書契前編》7.9.3)，變形作“”者見於戰國中山王壺，如：“(去)”。

[89] ：忝。《説文解字》十下心部：“忝、。辱也，从心、天聲。

15. 唐　遷先塋記碑

原碑刻於唐大歷二年(公元767年)，篆書，爲唐代著名書法家李陽冰所書。碑文中有殘泐，記述者名字不存，《石墨鐫華》認爲系李季卿記。王昶在《金石萃編》跋語中參照《三墳記》爲李季卿述，該碑與《三墳記》二者所述世系相同，而認爲此説可信。

此碑主要記載將祖先墳塋自灞河岸上遷移至鳳栖原的經過。原碑可能即位於滻水以東的鳳栖原上，已佚。現西安碑林博物館中收藏有宋代大中祥符三年(公元1010年)重刻的碑石。書法、氣勢均遜色許多。但文字結體構成仍沿其舊。前人認爲李陽冰"書結體茂美而多乖於六書之義"。説明李陽冰在書寫中有一些隨意發揮的現象。如"版"作"㸬"、"兹"寫作"𢆶"等。但其書體結構基本上仍源於《説文解字》小篆及先秦古文字形體。有些形體變化雖不見於他處，但究其所以，仍符合古文字學的結體規律，且有據可依。如"岡"作"㟠"，前人或稱其訛。實際"罔"爲"网"别體，見《説文解字》七下网部："罔，网或从亡"。説明唐人對古文字學基礎仍有一定了解。

【釋文】

遷[1]先塋記

粵[2]：烏乎[3]。昔蒼龍大淵獻[4]遭家不造。先侍郎即世[5]。建塋霸陵，遺令也。先大夫徐公高□備矣[6]。臯[7]單閼歲[8]十有一月，先夫人合祔。天寶[9]改元，我之伯也卒。

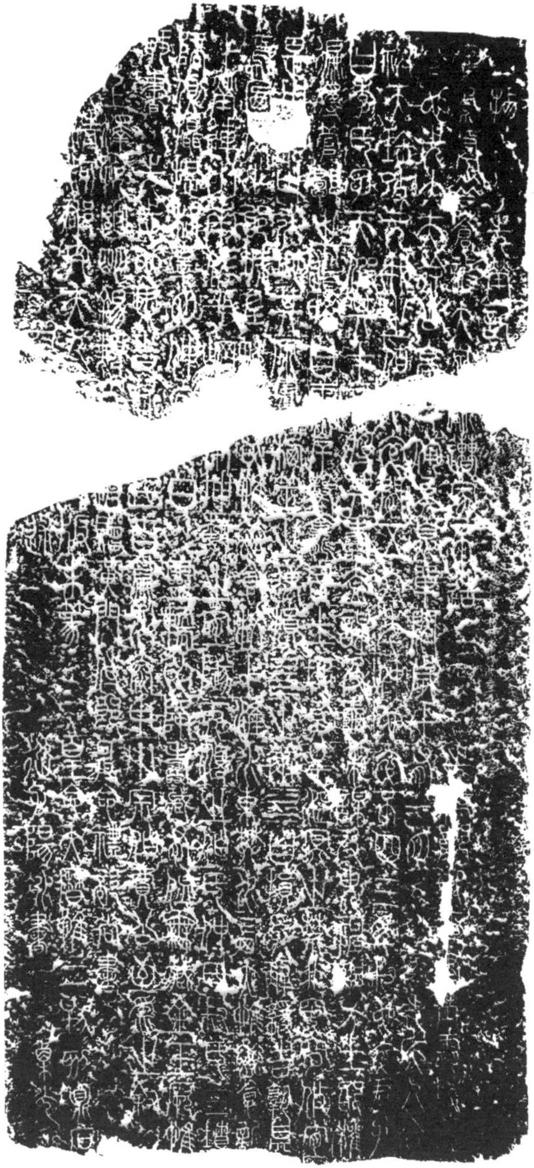

遷先塋記殘碑

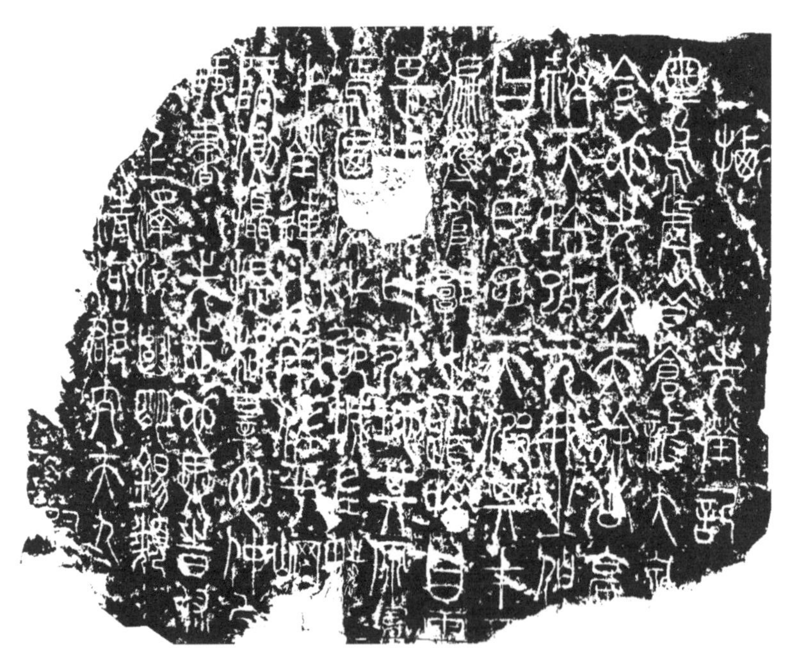

遷先塋記殘碑(局部)

間五、六年，仲也卒。不四、三年，叔也卒。君子曰："李氏子，天假其才，不將其壽，盍[10]謀及龜策，謀及鬼神歟？"方士邵權，遍得[11]管郭之道，喈曰[12]："霸岸鑿龕[13]，客土毛矣[14]。干温冥[15]之禁，非宅穸攸宜[16]。"是用□葉[17]永地，其原鳳栖[18]。筮之，遇損☶之解[19]☳，曰："損孚解緩[20]，吉孰[21]甚焉"。迺[22]□卜部城左畤□右，惟兹[23]食。校卜滻水東樊水西，亦惟兹食。新卜塋連山，南佐平崗[24]□□，坤勢[25]之宜，隧而順之。伯氏、仲氏、叔氏三墳陪側。攝提格[26]辜月[27]仲旬□日，靈輀[28]以降，壽藏[29]有衄。無藏金玉，厥惟琴書[30]。先志也。異時[31]述

□三百篇。永泰中，小宗伯賈公至[32]爲之叙。□上澤悦幽明，錫類□□，追贈黄門侍郎，申命禮部尚書。

□□清河郡太夫人□□□版朱篆。皇命大歷惟二刊刻貞石[33]。嗣□□□述。從子陽冰書。栗[34]光刻。

【注釋】

[1] 𢬸：隸定作栖，即“遷”字。《説文解字》二下辵部：“遷，……𢬸，古文遷从手西。”

[2] 粵：粵，《古文四聲韵》卷五入聲月部：“粵，𥁕，石經。”此處與“曰”通。例見《漢書・律歷志下》中引《尚書・武成》“粵五日甲子”。

[3] 烏虖：烏虖，即“嗚呼”。感嘆詞。《説文解字》四上烏部：“烏，𠂤，孝烏也，象形。孔子曰：烏盱呼也，取其助氣。故以爲烏呼。”《説文解字》五上虍部：“虖，虖，哮虖也。”

[4] 大淵獻：大淵獻，古代太歲紀年名稱，相當於干支紀年中的“亥”。《説文解字》十一上水部：“淵，淵。……𣶒，淵或省水。”

[5] 即世：即世，逝世。《説文解字》五下皀部：“即，即。”又《説文解字》三上卉部：“世，世。”世爲變形。

[6] 備矣：備矣。《説文解字》八上人部：“備：備。慎也，从人葡聲。”《説文解字》五下矢部：“矣，矣，語已詞也。从矢以聲。”

[7] 臮：臮。《説文解字》八上㐺部：“臮，臮，眾詞與也。”此處與“洎”通。《莊子・寓言篇》：“後仕三千鐘而不洎。”注：“洎，及也。”

[8] 單閼歲：單閼歲。單閼爲太歲紀年名稱，相當於干支紀年的卯年。

[9] 天珤：天寶。《説文解字》七下宀部：“寶，寶，……𡧖，古文寶，省貝。”此作“珤”，在《説文解字》古文形體的基礎上再

省宀。《古文四聲韵》卷三皓部：“寶，……𡨈(古尚書)。”

[10] 盇：盍。原从大从血。《説文解字》五上血部：“盇，盇，覆也，从血大。”後楷書从去从皿，當系形近訛變而成。此處作爲副詞，意爲“何不”。

[11] 徧得：遍得。《説文解字》二下彳部：“徧，徧，帀也”。帀即周匝之匝。今“徧”字从辵。《説文解字》二下彳部：“得，得。”即與此寫法相近同。

[12] 喈曰：喈曰。《古文四聲韵》卷四禡部：“喈，喈，籀韵。”《後漢書·光武紀》：“(蘇伯阿)喈曰：‘氣佳哉！鬱鬱葱葱然。’”喈爲贊嘆意。

[13] 鑿龕：鑿龕。此二字形均與《説文解字》所載小篆寫法相同。《金石萃編》按云：“此是形家之言。”鑿有穿鑿，冲鑿之義。龕，《方言》四云：“揚、越曰龕，受盛也。”據上下文義，當爲流水冲擊侵蝕灞河岸。

[14] 客土秏矣：客土秏矣。秏，與耗同。《孔子家語·執轡》“秏土之人丑。”注云：“秏，耗字也。……耗土，麤疏者也。”客土指從别處移來的泥土。《漢書·成帝紀》“客土疏惡，終不可成”，注云：“服虔曰：取他處土以增高，爲客土也。”《金石萃編》注云：“此雲客土，猶形家謂之來龍也，土耗則脉傷而藏者體魄不安矣。”

[15] 温冥：温冥。《説文解字》十一上水部：“温，温。”又《説文解字》七上冥部：“冥，冥。幽也。从日，从六，冖聲。”這裏寫法“六”有所變化。先人未詳“温冥”之義。此疑即“温明”之假借。温明爲古代葬具。《漢書·霍光傳》：“光薨，……賜金錢……東園温明。”注：“服虔曰：‘東園處此器，形如方漆桶，開一面，漆畫之，以鏡置其中，以懸尸上，大斂並蓋之。’”此處可能以温明代指墓葬。“干温冥之禁”，當指河水

侵蝕土岸，影響到墓地。

[16] 攸宜：攸宜。《説文解字》三下攴部：“攸，攸。行水也。从攴，从人，水省。”又《説文解字》七下宀部：“宜，宜，所安也。从宀，之下一，之上多省聲。”這裏的寫法將中間改从月。實際上反符合古文字形體。“宜”字古義應爲切割食物所用之“俎”。甲骨文中作“宜”(見《殷墟書契前編》7.17.4)，金文中作“宜”(見《三代吉金文存》卷一三貉子卣)，戰國文字中則作“宜”(見《侯馬盟書》200.30)。由此可見《説文解字》注解有誤。這裏的寫法爲古文之省形。“攸宜”義爲“適宜”。

[17] □叶：所缺字疑爲“卜”或爲“兆”。《説文解字》十三下劦部：“協，……从劦，从十。旪，古文劦，从曰、十。叶，或从口。”指占卜後兆象選定適合的葬地。

[18] 鳳栖：鳳栖。唐長安東南的平原名。《説文解字》四上鳥部：“鳳，鳳。”又《説文解字》十二上西部：“西，西，鳥在巢上象形。日在西方而鳥栖，故因以爲東西之西。……棲，西或从木、妻。”這裏作从木、西。

[19] 遇損䷨之解䷧：遇損之解。卦象是由“損”變爲“解”。䷨，兑下艮上，是損卦的卦象。䷧，坎下震上，是解卦的卦象。

[20] 損孚解緩：損孚解緩。字形均見《説文解字》引小篆。《周易正義》卷四：“損，有孚。元吉，無咎可貞，利有攸往。……彖曰：損，損下益上，其道上行。”又：“解，利西南，無所往，其來復吉，有攸往，夙吉。彖曰：解，險以動，動而免乎險。”疏云：“解者緩也。”二卦均爲吉卦，且利行。所以下文中云：“吉孰甚焉。”解卦“利西南”。李氏原墓在霸陵，地在唐長安以東，今臨潼以南白鹿原上。鳳栖原在霸陵西南，是根據卦象選擇的葬地。

[21] 埶：埶。《説文解字》三下丮部：“埶，埶。”

[22] 廼：廼，乃。《説文解字》五上乃部：“廼，廼，驚聲也。从乃，省西聲。……讀若仍(徐鉉云“西非聲”)。”即此字。這裏的寫法將“鹵”改作小篆“廼”。

[23] 茲：茲。《説文解字》四下玄部：“茲，茲。黑也。从二玄。”這裏的寫法將“玄”加以美化修飾。“惟茲食”，見《尚書·洛誥》“惟洛食”。注云：“卜必先墨畫龜，然後灼之，兆順食墨。”其意爲“經占卜衹有這個地方是吉兆”。

[24] 崗：崗。《説文解字》九下山部：“岡，岡。山骨也。从山网聲。”這裏的寫法中改从“罔”聲。《説文解字》七下网部：“网，网。……罔，网或从亡。”

[25] 坤勢：坤勢。《説文解字》十三下力部：“勢，勢。”

[26] 攝提格：攝提格。古代太歲紀年名稱。

[27] 辜月：辜月。古代紀月名，相當於十一月。見《爾雅·釋天》。

[28] 靈輀：靈輀。《説文解字》十四上車部：“輀(輭)，輀。喪車也。从車，而聲。”這裏的寫法將“而”重形。靈輀，靈車。

[29] 壽藏：壽藏。《説文解字》八上老部：“壽，壽，久也。从老省，𠷎聲。”早在西周金文中，即有添加“又”旁之例。如“壽”(見《三代吉金文存》卷四、克鼎)。

[30] 琴書：琴書。《説文解字》十二下珡部：“琴，珡。……象形。”又《説文解字》三下聿部：“書，書。”均與此寫法相同。

[31] 異時：異時。《説文解字》三上異部：“異，異。分也，从廾从畀。”這裏的寫法更接近古文字形體。如甲骨文“異”(見《殷墟文字甲編》394)，金文“異”(見《三代吉金文存》卷四、盂鼎)等。《説文解字》七上日部：“時，時。……从日寺聲。旹，古文時从之、日。”例見戰國青銅器中山王方壺銘：“旹”

（《文物》1979 年 1 期《河北省平山縣戰國時期中山國墓葬發掘簡報》）。

[32] 小宗伯賈公至：小宗伯賈公至。賈至，唐中期官員。《舊唐書·賈至傳》載："天寶中爲中書舍人。……廣德二年，轉禮部侍郎。""永泰元年，加集賢院待制。"這裏稱小宗伯，是套用《周禮》官名，將禮部侍郎稱爲小宗伯，爲一種尊稱。

[33] 貞石：貞石。《説文解字》三下卜部："貞，貞。……从卜、貝以爲贄。一曰鼎省聲。"此處寫法从卜、从鼎，爲古文字構形。如金文"貞"（見《壽縣蔡侯墓出土遺物》蔡侯鼎）。

[34] 栗：栗。見《説文解字》七上卤部："栗，栗。"

16. 宋　夢英篆書千字文

篆書千字文碑，是宋代著名書僧夢英書寫的小篆書體範本石刻。原碑長方形，螭首，龜趺，刊刻於北宋乾德三年(公元 965 年)。碑石現保存於陝西西安碑林博物館，基本完好。

制作這件碑石，主要應該是爲了讓初學者認識篆書的基本形體，所以它的字形結構比較規整，基本與《説文解字》中所附小篆的形體相符。它與現存的《説文解字》徐鉉校定本共同反映出了宋代初期文字學的面貌，保存了當時小篆書法的標準字形，對學習篆書，認識小篆文字的結構與字形特徵有很大的幫助。《千字文》又是當時童蒙學習文化知識的啓蒙讀本，普及性强，文字使用率較高，用《千字文》篆書刻碑，同樣具有小篆書法啓蒙的作用，實用價值較高，至今仍是篆書的基礎課本。

夢英是北宋初期著名書法家，擅長楷、篆等多種書體，並且能運用多種裝飾性美術字寫法，如用十八種書體書寫的《撰惠休上人詩》碑。

爲便於識字，在篆書字體下還附有袁正己書寫的楷書釋文。袁正己也是當時著名書法家。《石墨鐫華》中評論他“習歐陽，後更法。隸方勁，非嘉祐後人所能及”。所書楷體亦端正可觀。

【釋文】

天地[1]玄黄，宇宙洪荒。日月盈昃[2]，辰宿列[3]張。寒[4]來暑往[5]，秋收[6]冬[7]藏。閏餘成歲，律吕調陽。雲騰致[8]雨，露結爲霜。金生麗水，玉出崑岡[9]。劍號巨闕，珠

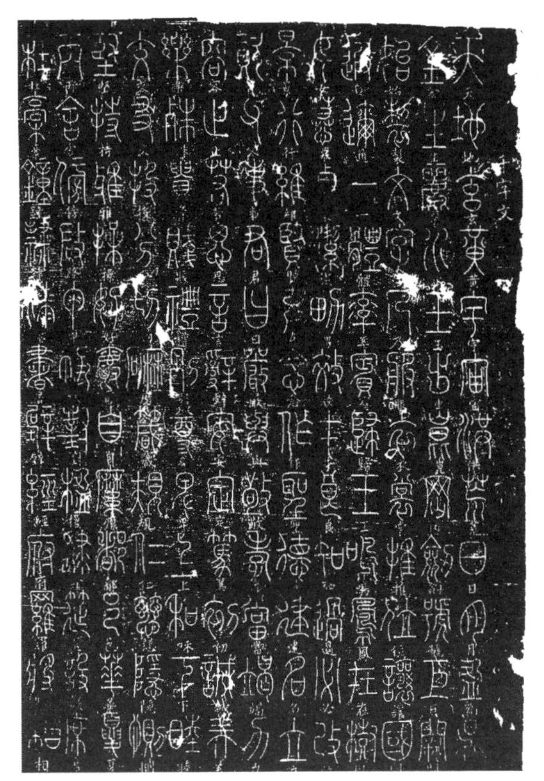

夢英篆書千字文(局部)

稱夜光。果珍李柰，菜重芥姜[10]。海[11]咸河淡，鱗潛羽翔。龍師火帝，鳥官人皇。始製文字，乃服衣裳。推位讓[12]國，有虞陶唐。吊[13]民伐罪，周發殷湯。坐朝[14]問道，垂拱平章。愛育黎首，臣伏戎羌。遐邇[15]一體，率賓歸王。鳴鳳在樹，白駒食場。化被草木，賴及萬方。蓋[16]此身發，四大五常。恭惟鞠養，豈敢毁傷。女慕[17]貞潔，男[18]效才良。知過必改，得能莫忘。罔談彼[19]短，靡恃己長。信使可覆，器欲難量[20]。墨悲絲染，詩讚羔羊。景行維賢，克[21]念作聖。德建名立，形端表正。空谷傳聲，虚堂習聽。禍因惡積[22]，福緣善[23]慶。尺璧非寶，寸陰是競。資父事君，曰嚴與敬。孝當竭力，忠則盡命。臨深履薄，夙興温凊。似蘭斯馨，如松之盛。川流不息，淵澄取映。容止若思，言辭安定。篤初誠美，慎終宜令。榮業所基，籍甚無竟。學優[24]登仕，攝職从[25]政。存以甘棠，去而益咏。樂殊貴賤，禮别[26]尊卑[27]。上和下睦，夫唱婦隨。外受傅訓，入[28]奉母儀。諸姑伯叔，猶子比兒。孔懷兄弟，同氣[29]連枝。交友投分，切磨[30]箴規。仁慈[31]隱惻，造次弗離。節義廉退[32]，顛沛匪虧。性静情逸，心動神疲。守真志滿，逐物意移。堅持雅操，好爵[33]自縻。都邑華夏，東西二京，背邙面[34]洛，浮渭據涇。宫殿盤[35]鬱，樓觀飛驚。圖寫禽獸，畫彩仙[36]靈。丙舍旁[37]啓，甲帳對楹。肆筵設席，鼓瑟吹笙。升[38]階納陛，弁[39]轉疑星。右通廣内，左達承[40]明。既集墳典，亦聚群英。杜稿[41]鐘隸，漆書壁經。府羅將相，路俠[42]槐卿。户封八縣，家給千兵。高冠陪輦，驅轂振纓。世禄侈富，車駕肥輕。策功茂實，勒碑刻銘。磻溪[43]伊尹，佐時阿衡。奄宅曲阜[44]，微旦孰營。桓公匡合，濟弱扶傾。綺回漢惠，説感武丁。俊乂密勿，多士實寧[45]。晋楚更霸，趙魏困横。假途滅虢，踐土會盟。何遵約法，韓弊[46]煩刑。起翦頗牧，用軍最精。宣威沙漠，馳譽丹青。九州禹跡，百郡秦併。岳宗恒岱，禪主雲亭。雁門紫塞，鷄田赤城。昆池碣石，鉅野洞庭。曠遠綿邈，岩岫杳冥。治本於農，務兹稼穡。俶載南畝，我藝黍稷。税熟貢新，勸賞黜陟。孟軻敦素，史魚秉直。庶幾中庸，勞謙謹敕。聆音察理，鑒貌[47]辯[48]色。貽厥嘉猷，勉其祗植。省躬譏誡，寵增抗極。殆辱近耻，林皋幸即。兩疏見機，解組誰逼。索居閑處，沉默寂寥。求古尋論，散慮逍遥。欣奏累[49]遣，戚[50]謝歡招。渠荷的歷，園莽抽[51]條。枇杷晚翠，梧桐早凋。陳根委翳，落葉飄摇[52]。游鵾[53]獨運，凌摩絳霄。耽[54]

讀玩市[55]，寓目囊箱。易輶攸畏，屬耳垣墻。具膳餐[56]飯，適口充腸。飽飫[57]烹[58]宰，饑厭糟糠。親戚故舊，老少異糧。妾御績紡，侍巾帷房。紈扇圓潔[59]，銀燭煒煌。晝眠夕寐，藍[60]笋象床。弦歌酒宴[61]，接杯[62]舉觴。矯手頓足，悦豫且康。嫡后嗣續，祭祀烝嘗。稽顙再拜，悚[63]懼恐惶。箋牒簡要，顧答[64]審詳。骸垢想浴，執熱願涼[65]。驢騾[66]犢特，駭躍超驤。誅斬賊盗，捕獲叛亡。布射遼丸，嵇琴阮嘯。恬筆倫紙，鈞巧任釣。釋紛利俗，並皆佳妙。毛施淑姿，工顰妍笑。年矢每催，曦[67]暉朗曜。璇璣懸斡，晦魄環照。指薪修祜，永綏吉劭。矩步引領，俯仰廊廟。束帶矜莊，徘徊瞻眺。孤陋寡聞，愚蒙等誚。謂語助者，焉哉乎也。

【注釋】

[1] 坨：地。《説文解字》十三下土部："地，坨，……从土也聲。墬，籀文地从𨺅"。古文字中墬通作地。从土、从也的"地"字或爲後起字。天星觀楚簡中"地"寫作"墬"，就體現了从"墬"向"地"的過渡。

[2] 昗：昃。《説文解字》七上日部："昃，𣅔，日在西方時側也。从日，仄聲。"甲骨文中"昃"字作"𣅔"（見《殷墟書契菁華》4.1）或"𣅔"（見《殷墟書契前編》4.9.1）。至戰國璽印、陶文中，仍作"𣅔"、"𣅔"等形體，會意。𣅔爲後代將人形改作"仄"聲。此石寫法从古文字。

[3] 烈：烈。此處有省筆，並借作"列"。《説文解字》四下刀部："列，𠛱。"又十上火部："烈，𤋎。火猛也。"

[4] 寒：寒。《説文解字》七下宀部："寒，寒，凍也。从人在宀下，以茻薦覆之，下有仌。"《説文解字》所引小篆形體與商周金文相近，《三代吉金文存》卷四克鼎銘文中寒寫作寒。此寫法同《説文解字》。

[5] 往：往。《説文解字》二下彳部："往，往，之也。从彳，㞷聲。往，古文从辵。"此石刻寫法沿承戰國古文字寫法。如河北平山出土戰國中山王壺中"往"字省寫作："㞷"，望山楚簡中"往"省寫作"㞷"，戰國陶文中作"往"(見《古陶文孴録》)等。

[6] 收：收。《説文解字》三下攴部："收，收，……从攴，丩聲。"與此寫法正相同。"丩"作糾纏形。

[7] 冬：冬。《説文解字》十一下仌部："冬，冬，……从仌，从夂，夂，古文終字。"

[8] 致：致。《説文解字》五下夊部："致，致，送詣也。从夊，从至。"此處寫法將夊省簡，類似"丮(丮)"形。

[9] 崑岡：崑岡。《説文解字》九下山部新附字："崑，崑。崑崙山名。"又《説文解字》九下山部："岡，岡。山骨也。"與此石寫法相同。

[10] 薑：姜。原寫作"薑"。《説文解字》一下艸部："薑，薑。御濕之菜也。从艸，畺聲。"此處寫法誤改作"疆"聲。

[11] 海：海。《説文解字》十一上："海，海，……从水，每聲。"此石寫法將兩個偏旁位置移動，上下重叠。《古文四聲韵》卷三海部收録"海，海，古孝經"，即與此類似。

[12] 讓：讓。《説文解字》三上言部："讓，讓，……从言，襄聲。"與此相近同。

[13] 弔：吊。《説文解字》八上人部："弔，弔。……从人持弓。"甲骨文中原作"弔"(見《殷墟文字甲編》1870)。金文與戰國文字

中的寫法與之相同。這裏的寫法增添了曲筆修飾。

[14] 坐朝：坐朝。《説文解字》十三下土部：“坐，坐，止也。从土，从留省。……坐，古文坐。”此處寫法从《説文解字》小篆。《説文解字》七上倝部：“朝，朝，旦也。从倝、舟聲。”與此寫法相同。

[15] 遐邇：遐邇。寫法均與《説文解字》所引小篆相同。《説文解字》二下辵部新附字：“遐，遐。”同部：“邇，邇。”意爲遠近。

[16] 蓋：蓋。《説文解字》一下艸部：“蓋，蓋。……从艸、盇聲。”

[17] 慕：慕。《説文解字》十下心部：“慕，慕。習也。从心，莫聲。”

[18] 男：男。《説文解字》十三下男部：“男，男。丈夫也，从田、从力。”將“田”位於“力”上。古文字中寫法中“田”在上部與“田”在側面的兩種寫法均存在。如甲骨文“男”（《殷墟書契前編》8.7.1），金文“男”（《三代吉金文存》卷六、矢方彝）。“力”原爲古代耘田工具的形狀。

[19] 彼：彼。《説文解字》二下彳部：“彼，彼。……从彳，皮聲。”與此寫法相同。

[20] 量：量。《説文解字》八上重部：“量，量。……从重省，曏省聲。”

[21] 克：克。《説文解字》七上克部：“克，克，肩也。象屋下刻木之形。”《説文解字》中的小篆已有形變。古文字中原作“克”（《殷墟文字甲編》2002）、“克”（《三代吉金文存》）卷四、克鼎）、“克(詛楚文)”等，與此處寫法相近。

[22] 積：積。《説文解字》七上禾部：“積，積。……从禾，責聲。”

[23] 善：善。《説文解字》三上誩部：“善，善。吉也，从誩，从羊。”這裏的寫法與上引《説文解字》的小篆寫法相同。

[24] □：優。《説文解字》八上人部："優，□。……从人，憂聲。"此處寫法有所簡省。

[25] □：从。《説文解字》八上从部："从，□，相聽也。从二人。凡从之屬皆从从。"又："從，隨行也。从辵，从从，从亦聲。"實際上"从"字造字本原即爲"□"（《殷契粹編》1067），爲兩人相隨的形狀。後人添加形符另造"从"。如甲骨文中已作"□"（《戰後京津新獲甲骨集》1372），金文中作"□"（《窓齋集古録》9. 7），从而分化爲兩個字。

[26] □：别。《説文解字》四下冎部："别，□。分解也。从冎，从刀。"原隸書作"□"。

[27] □：卑。《説文解字》三下𠂇部："卑，□。……从𠂇、甲。"

[28] □：入。此處似應讀作"内"。《説文解字》五下入部："入，□。内也。象从上俱下也。"甲骨文中原作"□"（《殷墟書契前編》4. 29. 5）、"□"（《殷契佚存》641）。

[29] □：氣。《説文解字》一上气部："气，□。雲气也。象形。"甲骨文中作"三"（《殷墟書契前編》7. 36. 2），金文中作："□"（《三代吉金文存》卷一二、齊侯壺）。而後以"氣"代有原"气"字的字義。《説文解字》七上米部："氣，饋客芻米也。从米气聲。"

[30] □：磨。原作礳。《説文解字》九下石部："礳，□。石磑也。从石，靡聲。"此處簡省靡聲，改从麻。

[31] □：慈。《説文解字》十下心部："慈：□。愛也，从心，兹聲。"此處寫法將"幺"變形，近似"心"。當爲後人據字意撰改。

[32] □：當爲"退"字，原碑釋作"很"。《説文解字》二下彳部："復，□。却也。……□，古文从辵。"今日所用"退"即由古文所來。

[33]　[illegible]：爵。與《説文解字》小篆相同。《説文解字》五下鬯部："爵：[illegible]。禮器也。[illegible]象雀之形，中有鬯酒，又持之也。"實際古文字中"爵"原作飲酒器之象形。如甲骨文："[illegible]"（見《殷墟書契後編》下7.7）、"[illegible]"（《殷墟文字乙編》4508），金文增繁作："[illegible]"（《三代吉金文存》卷十六、魯侯爵），小篆寫法爲金文基礎上進一步增繁，變形爲意符"寸"、"鬯"。後代隸書中將"鬯"省變作"[illegible]"。

[34]　[illegible]：面。見《説文解字》九上面部："面，[illegible]。……从百，象人面形。"甲骨文中原从目，如"[illegible]"（見《殷墟文字甲編》2375）。

[35]　[illegible]：槃。即"盤"。《説文解字》六上木部："槃，[illegible]，承槃也。从木般聲。……[illegible]，籀文从皿。"

[36]　[illegible]：仙。《説文解字》八上人部："仙，[illegible]。……从人从䙴，䙴亦聲。"

[37]　[illegible]：旁。《説文解字》八上人部："傍，[illegible]。近也，从人，旁聲。"旁，原爲"溥"義。《説文解字》一上丄部："旁，[illegible]，溥也。"段注："司馬相如封禪文曰：'旁魄四塞。'張揖曰：'旁，衍也。'《廣雅》曰：'旁，大也。'按旁讀如滂，與溥雙聲。後人訓側，其義偏矣。"金文中原作"[illegible]"（見《三代吉金文存》卷七、妣𡠀母𣪘）。小篆寫法有所變形。

[38]　[illegible]：升。《説文解字》十四上斗部："升，[illegible]。……从斗，亦象形。""升"原應爲會意字，如甲骨文"[illegible]"（見《殷契粹編》337）、"[illegible]"（見《殷墟文字甲編》550）。表示糧食裝在升中。小篆爲之變形。

[39]　[illegible]：弁。《説文解字》八下皃部："覍（弁），[illegible]。冕也。……从皃，象形。[illegible]，或覍字。"段注云："今則或字行而正字廢矣。"

[40] ：丞，假借作“承”。《説文解字》三上収部：“丞，。翊也。从収，从卩，从山。”又《説文解字》十二上手部：“承，。奉也，受也。从手，从卩，从収。”

[41] ：槁。《説文解字》六上木部：“槁，。木枯也。从木，高聲。”此處借作“稿”。指東漢書法家杜度所創章草。漢代以章草寫奏章文稿，故稱“稿”。

[42] ：俠。此與“夾”同。《説文解字》八上人部：“俠，，俜也。……从人，夾聲。”段注云：“按俠之言夾也。夾者持也。經傳多假俠爲夾。”

[43] ：谿。後更换偏旁，省作“溪”。《説文解字》十一下谷部：“谿，。……从谷，奚聲。”

[44] ：曲阜。《説文解字》十二下曲部：“曲，。象物曲受物之形也。”此處寫法有衍畫。漢印“部曲將印”即同此形。又十四下阜部：“阜，，大陸也。山無石者。象形。”原見於甲骨文“”（見《殷墟書契菁華》3.1）。

[45] ：寍，即“寧”。《説文解字》七下宀部：“寍，。安也，从宀，心在皿上。”段注云：“此安寧正字，今則寧行而寍廢矣。”然而甲骨文中即已有“寧”，如“”（見《殷契粹編》1205），金文作“”（見《商周金文録遺》頁152、寧毁）。金文中亦多見“寍”，如“”（見《三代吉金文存》卷四、毛公鼎）。

[46] ：獘，即“弊”。《説文解字》十上犬部：“獘，。頓僕也，从犬，敝聲。”段注云：“俗又引伸爲利弊字，遂改其字作弊。”

[47] ：貌。《説文解字》八下皃部：“皃，。……从皃、白，象面形。……，籀文皃从豸”。

[48] ：辯。這裏假借爲“辨”。《説文解字》四下刀部：“辨，

辨，判也。从刀；辡聲。”而十四下辡部：“辯，辯。治也。”段注云：“俗多與辨不别。”

[49] 纍：累。《説文解字》十三上糸部：“累，纍。……从糸，畾聲。綴得理也。”又十四下厽部：“絫，絫，增也。从厽、糸。”段注：“絫之隸變作累。”此處篆書即从“絫”而來。

[50] 慽：慽。《説文解字》十下心部：“慽，慽。憂也。从心，戚聲。”後人借“戚”作“慽”。

[51] 擂：抽。《説文解字》十二上手部：“擂(抽)，擂。……从手，留聲。抽，擂或从由。”

[52] 飄颻：飄摇。《説文解字》十三下風部：“飄，回風也。从風，票聲”。颻隸定作“颻”，該字不見於《説文解字》及古文字材料，僅見於《廣韵》、《玉篇》等中古字書。義爲上行風。今通用“摇”字。該字小篆當爲後人根據字形利用其他小篆偏旁組合而成。

[53] 鶤：鶤。即“鵾”。見《説文解字》四上鳥部：“鶤：鶤。鶤鷄也。”鵾爲後起字，不見於《説文解字》。《集韵》稱：“鶤同鵾。”原指大型的錦鷄，後來以之作爲鳳凰的别稱。

[54] 躭：耽。原字从“耳”，此石誤从“身”。《説文解字》卷一二上耳部：“耽，耽，耳大垂也。”段注云：“毛傳曰：耽，樂也。耽本不訓樂，而可假爲媅字。女部曰：媅者，樂也。”現在多使用“耽樂”之義。

[55] 翫市：玩市。《説文解字》四上習部：“翫：翫，習厭也。从習，無聲。”此處小篆寫法與之相同。“翫”與“玩”相通。《説文解字》一上玉部：“玩，玩。弄也。”《説文解字》五下冂部：“市：市。買賣所之也。”

[56] 湌：餐。《説文解字》五下食部：“餐：餐。……从食，𣦼聲。湌。餐或从水。”餐原爲形聲字。“湌”爲别體，會意字。

[57] 䬸：䬸。《説文解字》五下食部：“䬸：䬸，燕食也。”後省作“飫”。

[58] 亯：亨。《説文解字》五下亯部：“亯，亯，獻也。从高省曰，象進孰物形。”按照徐鉉注反切，可讀作“亨”或“享”。即“烹”本字。後人添加“火”旁形成“烹”字。

[59] 員絜：員絜，即“圓潔”假借字。《説文解字》六下員部：“員，員，物數也。从貝，口聲。”又十三上系部：“絜，絜，麻一耑(端)也。”此處借作圓形之“圓”，清潔之“潔”。

[60] 監：監。此處假借作藍。

[61] 讌：讌。此字不見於《説文解字》。《廣韵》稱：“讌，燕會也，與醼同。後人改用“宴”代“讌”。《説文解字》七下宀部：“宴，宴，安也。”此字小篆也是後人用偏旁拼寫的。

[62] 桮：杯。原寫作“桮”。《説文解字》六上木部：“桮，桮。”然而，在戰國文字中就曾寫作“杯”，如《望山楚簡》，寫作“杯”。

[63] 愯：愯。《説文解字》十下心部：“愯，愯，懼也。从心，雙(雙)省聲”。段注云：“與竦音義略相近。”後多用“悚”代替。

[64] 荅：答。此處改从“艸”旁。

[65] 顯飆：原涼。《説文解字》九上頁部：“顯：顯。顛頂也。”又“願：願。大頭也。”二字實際上爲同一字。《説文解字》十三下風部：“飆：飆。北風謂之飆。”此處假借作“涼”。

[66] 驘：騾，原作“驘”。《説文解字》十上馬部：“驘，驘。……从馬，𦝠聲。驘，或从贏。”後改从“累”聲。

[67] 羲：羲。此處假借作“曦”。

17. 宋　篆書目録偏旁字源碑

這是宋代咸平二年(公元999年)根據夢英的篆書刻成的碑石。現存陝西西安碑林博物館。

該碑是將《説文解字》中的540個部首用小篆寫出，依次排列。並在每個字下用楷書注音(注音有以本字表音與反切注音兩類)。書體工整規範，是學習篆書的基礎範本。

因爲漢字基本上是由部首偏旁組成的，所以，掌握了這些部首的篆書形體，就基本掌握了小篆字形結構的書寫方法，這也是學習古文字必要的一步階石。爲此，特將該碑附收在内，以供參考。各部首多無現實字義，故不一一注解。

篆書目録偏旁字源碑

篆書目録偏旁字源碑(局部)

18. 金　虞寅墓誌蓋

該墓誌於 1979 年 6 月在山東高唐出土。出土時爲碑形誌石二方，文字相對叠放在墓室内墓門右側。誌蓋長 114 厘米，寬 68 厘米，厚 18 厘米。誌身長 105 厘米，寬 64.5 厘米，厚 20.5 厘米。誌身楷書銘文 1 767 字。

發掘者曾將誌蓋的銘文誤認爲“女真文篆字”。實際上是用古文書寫的蓋銘。這是現在罕見的金代古文書體，寫法多沿承《古文四聲韵》。對了解金代文字學傳習的情況有所幫助。

虞寅墓志蓋銘文

【釋文】

金[1]故信[2]武[3]將軍[4]騎[5]都[6]尉致仕虞[7]公墓誌銘[8]。

【注釋】

[1] ：金字古文變體，《古文四聲韵》卷二侵部：“，古老子。”

[2] ：信，《古文四聲韵》

卷四震部："信，𠌇。古史記。"

[3] 𢧢：武，《古文四聲韵》卷三麌部："武，𢧢。古老子。"

[4] 𠣍：軍，《古文四聲韵》卷一臻部："軍，𠣍。古老子。𠣍，華岳碑。"

[5] 𩣡：騎，馬變形作𢒼，《汗簡》卷中之二，馬寫作𢒼，从馬諸字皆从𢒼。

[6] 𨛖：都，《古文四聲韵》卷一摸部："都，𨛖。石經。"

[7] 𠪚：虞，《古文四聲韵》卷一虞部："虞，𠪚。雲臺碑。"

[8] 該墓誌銘出土情況見《文物》1982 年第 1 期《山東高唐金代虞寅墓發掘簡報》。

圖書在版編目（CIP）數據

石刻古文字 / 趙超著. —2版. —北京：文物出版社，2016. 4（2024. 8 重印）

ISBN 978 -7 -5010 -4564 -8

Ⅰ. ①石… Ⅱ. ①趙… Ⅲ. ①石刻文—研究—中國 Ⅳ. ①K877. 404

中國版本圖書館 CIP 數據核字（2016）第 068655 號

石刻古文字

編　　者：趙　超

選題策劃：李克能　孟憲鈞
責任編輯：張自成　許海意
封面設計：程星濤
責任印製：王　芳

出版發行：文物出版社
社　　址：北京市東城區東直門内北小街2號樓
郵政編碼：100007
網　　址：http://www.wenwu.com
經　　銷：新華書店
印　　刷：北京雍藝和文印刷有限公司
開　　本：880mm × 1230mm　1/32
印　　張：5.25
版　　次：2016年4月第二版
印　　次：2024年8月第三次印刷
書　　號：ISBN 978-7-5010-4564-8
定　　價：30.00圓